D0556903

LA GESTION PAR PROVERBES

Illustrations de Philippe Beha

Catalogage avant publication de Bibliothèque et Archives nationales du Québec et Bibliothèque et Archives Canada

Roquet, Louis

La gestion par proverbes

ISBN 978-2-7621-2855-0

1. Gestion.   2. Gestion - Citations, maximes, etc.   I. Titre.

HD33.R66 2008   658   C2008-940415-7

Dépôt légal : 1ᵉʳ trimestre 2008
Bibliothèque et Archives nationales du Québec
© Éditions Fides, 2008

Les Éditions Fides reconnaissent l'aide financière du gouvernement
du Canada par l'entremise du Programme d'aide au développement
de l'industrie de l'édition (PADIÉ) pour leurs activités d'édition.
Les Éditions Fides remercient de leur soutien financier le Conseil
des Arts du Canada et la Société de développement des entreprises
culturelles du Québec (SODEC). Les Éditions Fides bénéficient du
Programme de crédit d'impôt pour l'édition de livres du Gouvernement
du Québec, géré par la SODEC.

IMPRIMÉ AU CANADA EN FÉVRIER 2008

LOUIS ROQUET

La gestion
par proverbes

Illustrations de Philippe Beha

FIDES

Introduction

J'AI DÉBUTÉ L'ÉCRITURE DE CE LIVRE sur un coup de tête, par frustration. Je venais sans doute de lire un article de journal annonçant la décision complètement tordue d'un chef d'entreprise et des questions surgissaient. Quelle est la source d'inspiration de ces chefs d'entreprise? Ont-ils, empilés sur leur table de chevet, des livres de «recettes» du genre: Vendre, Acheter, Parler de diversification, Annoncer la mise à pied de mille employés, Fusionner... Et, selon le cas, sortent-ils une de ces «recettes» de leur chapeau quand ils ne savent plus comment masquer leurs mauvais résultats?

Puis un jour, j'ai eu une illumination. Après avoir entendu un patron déclarer, une fois de plus, qu'on ne peut faire d'omelette sans casser d'œufs, je me suis dit : « Voilà, ces gens-là gèrent par proverbes ! Comme ils sont démunis, ils empruntent à la sagesse populaire pour combler leur manque de sagesse. »

Une foule de proverbes ont alors défilé dans ma tête et, chaque fois, je me remémorais une histoire, une décision, un visage, parfois une tragédie.

Mais un tel livre ne risquait-il pas de sentir le fiel, la vengeance ? Avec le temps, mon propos a évolué. Pourquoi ne pas — m'inspirant de la sagesse populaire — écrire un petit essai sur la sagesse de gestion? Pourquoi ne pas écrire sur ce qu'on n'enseigne pas dans les écoles de gestion, sur ce qu'on apprend en exerçant le métier de gestionnaire, à la condition d'être fait pour ce métier et d'avoir de bons mentors, de bons modèles?

De nos jours, par contre, on cherche les mentors. La pression est si grande, et le temps si rare, que la plupart des mentors potentiels sont en mode de survie, ou d'hyperperformance. Et les gestionnaires n'ont plus le temps de réfléchir.

Alors, voici des petites pastilles de réflexion — pas de sagesse, ce serait trop prétentieux! — à prendre, comme tous les comprimés, un peu à la fois, et à l'occasion.

Au fond, pourquoi avoir écrit ce livre? Je dois l'avouer, pour moi d'abord. Pas pour la gloire, mais parce que mon métier me passionne, parce qu'il est infiniment changeant et toujours nouveau, parce que j'aime les personnes et que je les vois si souvent mal gérées, mal guidées, mal inspirées.

Suis-je parfait? Loin de là, et c'est pour cela que j'ai besoin d'écrire, de réfléchir sur ma pratique, de me répéter les choses essentielles, de m'en convaincre davantage, parce qu'elles sont difficiles à mettre en pratique, difficiles à vivre.

Je vous invite donc à une promenade à travers la forêt des proverbes et des dictons. De temps en temps, l'un d'entre eux nous retiendra, quelques instants, le temps d'une brève réflexion. Mais c'est vous, cher lecteur, qui devez compléter cette réflexion, ajouter des exemples, enrichir les leçons et les constats. Ainsi, peut-être, deviendrons-nous tous plus sages. Et si, d'aventure, vous trouvez un proverbe qui vous inspire et qui m'a échappé, faites-le-moi parvenir, et je le partagerai avec mes lecteurs.

Cruauté est fille
de couardise

Q UEL ADMIRABLE PROVERBE ! Du vieux français, en plus ! Le mot « couard » n'est plus d'usage. Aujourd'hui, on dirait lâche, pleutre ou peureux.

Plus on grimpe dans l'entreprise (ou l'organisation), plus on vit l'ambiguïté sous toutes ses formes : une information incomplète, des attentes parfois irréconciliables (au moins dans l'absolu) de la part de ses divers commettants, des réactions des clients ou des concurrents difficiles à prévoir, des incertitudes face aux réactions des marchés financiers.

Un dirigeant d'entreprise doit faire preuve d'une grande tolérance à l'ambiguïté. Il doit savoir quand garder le cap, comment inspirer confiance quand il vit le doute. Sinon, sa réaction sera de tout contrôler, de ne rien déléguer, de voir les erreurs comme des trahisons, les doutes de ses collaborateurs comme des infidélités.

Je ne veux pas dire qu'il doit avoir une foi aveugle dans ses instincts et ses intuitions. Si cela se produit, il devient sourd et aveugle, cesse de rechercher des informations supplémentaires, il accélère en fonçant vers un mur.

Les insécures ne sont pas faits pour le pouvoir : il leur faut un cadre, des garde-fous. Au sommet, il y a peu ou point de cadre, et les garde-fous sont rares. Les insécures (qui affichent souvent une assurance excessive, à toute épreuve) sont dangereux au sommet. Ils sont toujours en mode de survie, et comme toutes les bêtes qui se sentent traquées, ils peuvent faire montre d'un arbitraire et d'une cruauté incroyable, qu'ils appellent fermeté ou esprit de décision.

Mais, me direz-vous, ces gens devraient savoir qu'ils ne sont pas faits pour être les premiers, qu'ils n'ont pas ce qu'il faut! Erreur, très peu de gens se connaissent vraiment. Cela demande des efforts, et les résultats sont souvent déplaisants. Si vous avez de la difficulté à croire que peu de gens se connaissent vraiment, souvenez-vous de vos sessions d'évaluation de la performance de vos collaborateurs. Souvenez-vous des occasions où vous avez dû congédier un employé pour incompétence ou faute lourde. Comment ces gens pouvaient-ils arriver à une évaluation aussi radicalement différente de la vôtre? Un mécanisme de défense, sans doute. La capacité de rationalisation de l'être humain n'a pour limite que son imagination et sa capacité de se leurrer lui-même est infinie.

Quand il est seul à en subir les conséquences, passe encore. Mais quand il est aux commandes, quand c'est lui qui arbitre entre ce qui est légitime et ce qui ne l'est pas, quand c'est lui qui détermine qui sera promu, quand il a sur le climat de travail un impact immédiat, c'est autre chose.

Il est aisé de dire, et autre chose de faire

NOS EMPLOYÉS SONT PRÊTS à nous pardonner bien des choses : ils nous pardonneront d'être parfois de mauvaise humeur ou impatients. Il leur arrive à eux aussi d'avoir un enfant qui pleure toute la nuit, un mal de dos, une rage de dents.

Ils nous pardonneront notre manque de disponibilité. On pourra leur dire : « Aujourd'hui, je n'ai pas une minute à te consacrer. Mais si ça peut attendre à demain, nous pourrions nous voir à telle heure et discuter en paix. » Ce qu'ils ne nous pardonneront jamais, c'est l'incohérence. J'en ai marre des dirigeants d'entreprises qui déclarent — question de rectitude politique ou d'image publique — : « Nos employés sont nos ressources les plus précieuses », et qui s'empressent de les limoger quand l'économie s'essouffle quelque peu.

Il fut un temps où un contrat tacite liait l'entreprise et ses employés. En échange de loyauté et de bon travail, l'entreprise offrait un emploi, voire une carrière à ses employés.

L'entreprise a brisé ce contrat et les employés les plus doués en ont tiré une leçon : s'ils ne sont pour l'entreprise qu'une ressource substituable, alors ils offriront leurs services au plus offrant : la relation est devenue purement mercantile.

Jusqu'à maintenant, l'entreprise n'a pas eu à trop souffrir de ce bris de contrat. La génération qui commence à quitter le marché du travail, mais qui occupe encore la majorité des postes qualifiés dans l'entreprise, est une génération qui compte un grand nombre de personnes.

Le hic, c'est qu'elle commence à quitter le marché du travail. Elle est remplacée par une génération moins nombreuse, moins prête à se sacrifier au travail et en quête d'un équilibre entre vie professionnelle, vie familiale et vie sociale. Nous serons frappés de plein fouet d'ici 10 ans.

Il nous reste donc à peine 10 ans pour apprendre à être cohérents, à traiter nos collaboratrices et collaborateurs comme des ressources rares et précieuses, à investir dans leur développement, à imaginer une organisation du travail à la fois productive et compatible avec leurs attentes.

En attendant, si le défi vous dépasse, arrêtez de dire à vos employés qu'ils représentent votre ressource la plus précieuse. Vous leur épargnerez beaucoup de frustration et peut-être vous apprécieront-ils davantage pour votre sincérité.

Vingt fois
sur le métier
remettez votre
ouvrage

UNE QUESTION ME HANTE, et depuis longtemps : comment se fait-il que nous n'apprenions pas des autres ? Pourquoi répétons-nous *ad vitam æternam* les mêmes bêtises, nous les gestionnaires ? Serait-ce parce que les meilleures pratiques ne sont pas codifiées ? Ou que l'outil du gestionnaire, c'est lui-même, incluant sa personnalité, ses valeurs, ses connaissances, ses sentiments, sa passion ? Ou parce qu'il n'y a pas de vraie critique ou de tribunal professionnel pour les gestionnaires ?

Jacques Barzun, cogitant il y a fort longtemps sur le système d'éducation américain, entrevoyait le jour où la seule profession dont les membres ne pourraient être poursuivis pour erreur grossière serait celle d'enseignant. Monsieur Barzun, il faudrait ajouter celle de gestionnaire!

Quelle est la punition pour grossière erreur professionnelle? Il est vrai qu'on n'a pas de point de comparaison, comme par exemple deux artistes exécutant la même pièce. Est-ce pour cela qu'on permet à de beaux parleurs, dotés d'un bon réseau, de massacrer des compagnies en série, avec promotion au terme de chaque épisode?

Un neurochirurgien qui opérerait avec les outils et les techniques des années 1950 se verrait retirer son droit de pratique. Pourquoi tolère-t-on des gestionnaires aussi dépassés? Après tout, les gestionnaires traitent eux aussi avec des êtres humains. Ils ont un impact considérable sur leur développement, sur leur santé même. Pourquoi la société est-elle moins exigeante envers eux?

Une idée: pourquoi ne pas imposer aux nouveaux gestionnaires une résidence de quelques années, comme en médecine, avec un ou des mentors, un suivi régulier, un programme d'apprentissage? Pourquoi ne pas imposer une formation continue minimale, comme le fait le Barreau, qui oblige même ses praticiens les plus éminents à s'y soumettre?

Les grands praticiens sont tous passionnés, ils sont toujours à la recherche de mieux, ils n'accepteront jamais d'être dépassés, ils n'arrêteront jamais d'apprendre. Peut-être devrait-on mesurer la passion des candidats gestionnaires lors de leur sélection?

Mieux vaut écouter
la voix de la conscience
que le bruit de la renommée

J'AI APPRIS, il y a bien des années, que tout gestionnaire fait face à trois niveaux de problèmes. Les plus courants — et les plus simples — sont les problèmes d'ordre opérationnel. Comme ils sont répétitifs, on les a analysés et on a découvert des solutions optimales. Ces solutions sont souvent consignées sous forme de directives, ou de procédures opérationnelles standardisées.

À un niveau supérieur, le gestionnaire rencontre des problèmes de nature organisationnelle. Comment organiser ses ressources, par exemple, pour obtenir le résultat escompté? Il n'y a pas de solution toute faite, à cause de l'abondance d'éléments conjoncturels. Mais le gestionnaire

peut s'appuyer sur son expérience, sur les connaissances tirées de la psychologie, de la sociologie, de la théorie des organisations, etc., pour élaborer une solution fonctionnelle.

Le troisième ordre de problèmes est plus sérieux. Les sciences auxquelles s'abreuve la gestion sont de peu d'aide et peuvent appuyer des solutions contradictoires. Sur quel exemple ou quelle théorie pouvait s'appuyer le président de Johnson & Johnson quand un fou criminel a injecté du cyanure dans des comprimés de Tylenol?

Tous ont loué sa décision extrêmement rapide : retirer de tous les étalages, de toutes les pharmacies, les emballages de Tylenol, et ne pas les remettre en marché avant d'avoir pu offrir un emballage à l'épreuve des manipulations. Qu'est-ce qui l'a guidé? Quel a été son critère de décision?

Certains analystes l'ont félicité d'avoir protégé par sa décision rapide l'investissement important de J & J dans la marque de commerce Tylenol, un investissement évalué à trois milliards de dollars. Mais sa décision ne s'est pas appuyée sur ce critère.

Ce sont ses valeurs personnelles et les valeurs réelles, et non cosmétiques, de son entreprise qui ont constitué son critère : J & J existe pour améliorer la santé humaine et ne tolère aucun geste qui la mettra en danger.

Au cours de sa carrière, tout chef d'entreprise rencontrera des circonstances inédites et imprévues, des situations où il devra décider avec un minimum de balises et d'information : la qualité de sa décision et, souvent, sa légitimité comme gestionnaire au sommet dépendront de la qualité de ses valeurs personnelles d'équité, d'intégrité, de responsabilité et de courage.

Enron, Worldcom, Cinar : des décisions aberrantes n'ont pas été prises faute de connaissances, d'informations ou d'expertise. Elles ont été prises faute de valeurs.

Quand soumettra-t-on les candidats aux postes supérieurs dans nos entreprises à des tests de valeurs, à côté des tests de compétences ? S'ils ont bien réussi jusqu'à maintenant, tant mieux, c'est une preuve de leur compétence. Mais la compétence seule ne garantit pas qu'ils prendront les bonnes décisions quand ils feront face à des situations extrêmes. Seules leurs valeurs et celles qu'ils infusent à leur entreprise peuvent offrir cette garantie.

La chandelle qui va devant éclaire mieux que celle qui va derrière

LA PREMIÈRE QUALITÉ D'UN LEADER, c'est d'être suivi. Ce n'est pas nous qui décidons d'être leaders, ce sont les personnes qui partagent notre vision et nos valeurs qui font de nous des leaders, en décidant de nous suivre.

Et il est difficile de suivre ceux qui sont derrière nous !

Le premier mandat du leader est d'éclairer, de faire découvrir l'environnement, le but lointain. En rendant les choses claires et cohérentes, il donne du sens. En adoptant le premier la bonne direction, il donne la bonne direction.

En étant le premier à faire un effort, il donne à ses collaboratrices et collaborateurs le goût de l'effort. En vivant le premier l'escalade, il sait quand ses collaborateurs ont besoin d'encouragement, de reconnaissance et de repos.

Trop de patrons d'entreprises vivent dans un monde éthéré, enveloppé, protégé, qui n'est pas le vrai monde des clients, des concurrents, des biens et services.

Plusieurs analystes ont expliqué la faillite des trois grands de l'industrie automobile américaine à s'adapter au désir des consommateurs pour des voitures plus économiques et compactes — ouvrant par le fait même le marché aux Japonais — par leur manque de contact avec la réalité. Ils arrivaient très tôt au bureau — évitant l'heure de pointe du matin —, dans une voiture conduite par un chauffeur — pas de problème de stationnement —, qui était changée aux trois mois pour une neuve — pas de problème d'entretien ou de fiabilité. Ils ne mettaient jamais d'essence dans la voiture — aucune préoccupation au niveau de la consommation — et le retour à la maison le soir se faisait après l'heure de pointe. Et ces gens décidaient des voitures dont les Américains avaient besoin !

Il y a bien sûr la recherche de marché, qui peut fournir des indications précieuses sur les goûts des consommateurs : mais l'information qui parvient au sommet de l'entreprise a souvent été tellement nuancée, sinon stérilisée, qu'elle ne traduit pas la réalité du marché.

Sortez de vos bureaux, allez parler aux vendeurs qui proposent — ou non — vos produits, aux techniciens qui les réparent. Allez voir les clients qui achètent vos services — ou ne les achètent pas ! Parlez aux employés, et pas seulement aux vice-présidents. L'entreprise est une pyramide : vous êtes au sommet, ils sont la base, et c'est la base qui est en contact avec l'environnement, qui sert les clients, qui forge dans leur esprit l'image de l'entreprise. Si on les écoute, si on leur explique ce qu'on essaie de réaliser, si on fait appel à leur intelligence, on observera des miracles !... et on découvrira peut-être pourquoi une stratégie si géniale sur papier ne fonctionne pas et ne fonctionnera jamais.

Tant va la cruche à l'eau
qu'à la fin elle se brise

L'ÊTRE HUMAIN A UN PENCHANT pour la facilité : la routine est confortable, rassurante. Les processus éprouvés, qui donnent les résultats escomptés, exigent peu d'attention, peu d'effort.

Il y a un bémol : dans un univers stable, dans un environnement qui ne change pas, les mêmes recettes donnent toujours les mêmes résultats. Mais il suffit d'un changement qui semble parfois anodin (un changement technologique, par exemple) pour tout bouleverser.

Une chaîne d'alimentation canadienne avait préparé dans le plus grand secret une guerre de prix, faisant imprimer des dollars-rabais et les distribuant aux clients à la caisse pour un montant équivalant à 3 % des achats. La concurrence fut prise de court et cette chaîne réussit à accroître sa part de marché de façon significative.

Quelques années plus tard, on eut à nouveau recours à cette tactique. Entre-temps, un changement important s'était produit : toutes les chaînes avaient remplacé leurs vieilles caisses enregistreuses par des caisses électroniques programmables. À l'annonce du rabais de 3 %, les autres chaînes réagirent en quelques heures, annonçant un rabais de 5 %. Résultat net : des pertes importantes pour tous les joueurs et aucune variation dans les parts de marché.

Les gouvernements font souvent la même erreur. C'est la raison pour laquelle tous les programmes incitatifs (subventions, réductions d'impôt, etc.) devraient comporter des clauses crépusculaires, qui abolissent automatiquement le programme après cinq ou sept ans, à moins qu'une analyse exhaustive n'ait prouvé qu'il est encore utile.

Parce qu'entre-temps, la réalité change, ou la concurrence, ou les priorités. Si on se soumettait à cette discipline, on ne se retrouverait pas avec des programmes qui encouragent les fermiers à laisser leurs champs en jachère (programmes qui datent d'une période où il y avait surproduction) coexistant avec des programmes qui encouragent l'augmentation des surfaces de production (programmes conçus en période de pénurie). Et, de toute évidence, il n'y aurait pas de fermiers qui, pour des motifs de subvention, mettraient en jachère un quart de leurs champs chaque année, et remettraient en production la terre qui était en jachère l'année précédente.

Tout ce qui
se ressemble,
s'assemble

UN PROVERBE À MANIPULER avec des pincettes. Il est de bon conseil quand on sélectionne les membres d'un club de golf privé ou la clientèle d'une discothèque exclusive, mais il devient délétère au sommet de l'entreprise.

Il y a un certain confort à s'entourer de personnes qui nous ressemblent. Elles sont prévisibles, c'est du déjà vu.

Certains gestionnaires au sommet font encore mieux. Quand ils arrivent à la tête d'une entreprise, ils ont tôt fait de s'entourer de vice-présidents avec qui ils ont travaillé par le passé. C'est tellement plus confortable !

Un seul problème : ce faisant, ils envoient un message douteux aux employés de toute l'entreprise. Avant même d'avoir pu faire leurs preuves, ils ont été jugés, écartés et remplacés.

On n'accède pas au sommet des entreprises pour s'y mettre à l'aise. Il peut être rassurant de s'entourer de personnes qui nous doivent leur poste et qui nous ressemblent : elles ne contesteront pas nos idées, notre vision, notre leadership.

Or, aucun gestionnaire n'est parfait, ou complet. S'il connaît ses forces et ses faiblesses, il s'entourera de personnes qui le complètent, de gestionnaires autonomes, qui parfois contesteront ses idées, les enrichiront, formeront une équipe dynamique, variée et complète.

D'accord, une telle équipe n'est pas de tout repos. Elle force les dirigeants à se remettre en question, à consulter, à convaincre, parfois à s'imposer. Mais il est infiniment plus facile de retenir une collaboratrice ou un collaborateur qui va trop loin que de lui pousser dans le dos, parce qu'il est trop soumis. Les équipes de béni-oui-oui sont toutes médiocres et les résultats qu'elles obtiennent le sont aussi.

Un dernier mot sur les adjointes de direction : j'ai été fort chanceux dans ma carrière, j'ai toujours collaboré avec des adjointes exceptionnelles. Et j'ai souvent été tenté de les amener avec moi quand je changeais de poste, mais je ne l'ai jamais fait.

Ces femmes ont souvent une longue expérience dans l'entreprise. Elles en connaissent à fond la culture, les valeurs, les us et coutumes. Pour un nouveau dirigeant qui arrive, elles sont des aides irremplaçables et des conseillères précieuses. Si vous les respectez, elles sauront vous dire poliment qu'une décision que vous comptez prendre, qui vous semble anodine, aura l'effet d'une bombe. Elles sauront vous identifier, dans chaque service, les personnes qui font arriver les choses — et qui ne sont pas toujours les patrons !

De plus, elles sont souvent au centre d'un réseau informel d'information extrêmement efficace et puissant. Elles sont souvent consultées et leur influence est considérable dans l'entreprise.

Pourquoi se priver de cette expertise, de ces connaissances et de cette influence pour avoir le confort de travailler avec une adjointe qu'on connaît déjà ? Dans plusieurs entreprises, la démotion de l'ancienne adjointe, à la suite de l'arrivée du nouveau patron avec son adjointe sera perçue comme une injustice et un affront. Rien de bien utile pour établir la légitimité du nouveau patron !

La première motivation de tout gestionnaire au sommet est le pouvoir : c'est ce qu'Abraham Zaleznik et ses disciples ont démontré de façon plutôt convaincante. Je sais, une telle affirmation n'est pas politiquement correcte. On a toujours considéré le pouvoir dans notre société comme légèrement indécent. Nous savons qu'il existe et qu'il est nécessaire, mais on n'en parle pas dans les salons.

Or, de quoi s'agit-il ? De la volonté d'un être humain de réaliser certains objectifs et d'amener des collaboratrices et collaborateurs à coopérer à l'atteinte de ces objectifs. Qu'il s'agisse de Ghandi ou d'Attila le Hun, il n'y a aucune différence, si ce n'est au niveau des valeurs et des moyens.

Mais cette volonté de réaliser ses objectifs s'accompagne d'une volonté de contrôle et c'est là que les dérapages surviennent. Tout dirigeant au sommet aura la tentation de contrôler son environnement. S'il est faible, nous l'avons vu, il sera tenté de s'entourer de personnes faibles. Si toute contestation lui est intolérable, il s'entourera de collaborateurs qui lui doivent tout et il sera incapable de travailler avec des collaborateurs qu'il n'a pas choisis. C'est ce qu'on appelle « faire le ménage ».

Things
are not always
what they seem

L'ESPRIT HUMAIN recherche le familier, le connu : c'est rassurant. Face à une situation nouvelle, nous avons tendance à chercher dans notre expérience personnelle des situations similaires et des modèles familiers. Malheureusement, ces modèles ne sont pas toujours appropriés et ils peuvent nous induire en erreur.

Un exemple : l'incursion de certains distributeurs alimentaires (gros et détail) dans la restauration rapide. Pour les décideurs du moment, il s'agissait d'une extension naturelle de leur domaine d'affaires ; ils connaissaient l'alimentation, leur pouvoir d'achat était important, leur

logistique et leur distribution étaient extrêmement effica-
ces. Pourtant, l'aventure a été vraiment pénible. Le problème? Pour réussir en restauration rapide, il faut une
expertise poussée dans le domaine de l'immobilier. La
restauration rapide n'est pas un commerce de destination,
mais un commerce de circulation, de trafic. Et ces distributeurs n'avaient aucune expertise en immobilier, puisqu'ils desservaient essentiellement des marchands affiliés
qui prenaient, eux, les décisions de localisation. Première
leçon: avant de se lancer dans une aventure, il est crucial
de savoir quelles sont les ressources, les expertises essentielles au succès. Et ce n'est pas toujours évident. Les ci-
mentiers, par exemple, savent que l'expertise dans la gestion d'une flotte de camions est un facteur essentiel de
succès dans leur secteur. Plus votre gestion de la flotte est
efficace, plus l'étendue géographique de votre marché économique augmente. Le saviez-vous?

L'histoire de la gestion est remplie de cas semblables.
Comparons deux concepts de vente au détail: Distribution
aux Consommateurs et le Club Price. Distribution aux
Consommateurs était une entreprise de vente par catalogue

dotée de magasins de détail où les clients pouvaient commander sur place, voir des échantillons et prendre livraison de leur machandise qui était entreposée dans l'arrière-boutique. Pourquoi comparer ces deux concepts ? Le génie de Sol Price, qui a mis au point le concept de magasin-club-entrepôt à assortiment limité (suivi de Costco, Sam's Warehouse, etc.) a été de se localiser dans un entrepôt (à des coûts d'espace d'entreposage), de faire payer les clients pour y avoir accès, et de les convaincre qu'il s'agissait d'un magasin de détail à aubaines. L'erreur de Distribution aux Consommateurs a été de prendre de l'espace de commerce de détail (très coûteux) et d'en convertir une bonne partie en espace d'entreposage. C'est contredire un principe de base en stratégie, qui dit qu'on doit toujours chercher à valoriser ses actifs (utiliser un entrepôt comme espace de commerce de détail) plutôt que de les dévaloriser (utiliser de l'espace de commerce de détail pour faire de l'entreposage).

Décidément, les apparences sont souvent trompeuses. À analyser certains « modèles d'affaires » développés récemment, il me vient à l'esprit une histoire que me racontait mon père.

Ma mère et lui habitaient, peu après leur mariage, une banlieue de Montréal encore largement agricole. Il se présente chez un fermier voisin pour acheter des œufs et se renseigner sur les prix. La fermière lui répond : « 2 cents l'œuf, 25 cents la douzaine. » Mon père, surpris, lui demande comment elle peut faire de l'argent avec un pareil calcul. Elle lui répond : « On en casse un de temps en temps, et on se reprend sur la quantité ! ».

Le cimetière de l'économie est jonché de cadavres d'entreprises dont les dirigeants ont adopté des stratégies qui ne résistent pas à l'analyse. Mais voilà, on n'analyse pas, on ne va pas au-delà des évidences et des apparences. On ne se pose pas des questions fondamentales comme : « Comment fait-on (ou peut-on faire) du profit dans cette industrie ? Un concept copié d'ailleurs s'adaptera-t-il dans un autre environnement et pourquoi ? Quelle est la ressource ou l'expertise essentielle au succès ? » Ces questions sont embêtantes, et nous sommes souvent tentés de les escamoter ou de rationaliser des choix déjà faits en se disant que « c'est la même chose que... » Et le cimetière s'enrichit.

Gens payés d'avance
ont les bras rompus

Q UEL ADMIRABLE PROVERBE pour introduire le sujet épineux de la rémunération! Combien « vaut » un cadre supérieur ou un PDG compétent?

C'est le marché qui dicte sa « valeur » ou son prix, me direz-vous. Mais y a-t-il un marché libre, un marché de concurrence parfaite pour les PDG? Qui détermine leur rémunération?

Tout le monde, ou presque, sait que plus on monte dans l'organisation, plus la rémunération autre que le salaire acquiert de l'importance : bonification à court et à moyen terme, régimes de retraite, privilèges (voiture, abonnements à des clubs, etc.), options d'achat d'actions à

des prix favorables, etc. Une entreprise qui souhaite attirer un cadre supérieur offrira une rémunération « concurrentielle », sur la recommandation d'une firme de recruteurs ou de spécialistes en rémunération.

Mais une fois le recrutement effectué, qui détermine le niveau de performance que l'entreprise devra atteindre pour que le PDG mérite un boni? Qui décidera de l'ampleur du boni? Le conseil d'administration, bien sûr, sur recommandation du comité des ressources humaines ou de rémunération. Et qui compose le comité de rémunération, dont la recommandation est universellement adoptée? Des membres externes ou non liés au conseil d'administration, c'est-à-dire souvent des... PDG d'autres entreprises, qui se sentiraient mal placés pour fixer la barre haute à un confrère!

C'est ainsi qu'on voit des entreprises faire des pertes et leur PDG recevoir un boni fabuleux... sans doute parce que s'il n'avait pas été là, les pertes auraient été encore plus considérables!

On pourrait comparer certains régimes de bonification au gros lot de la loto. Il suffit de le toucher une fois, une seule année, pour pouvoir vivre princièrement pendant le reste de ses jours. Dans de pareilles circonstances, on ne devrait pas se surprendre de voir des PDG compromettre l'avenir de l'entreprise pour gonfler les profits à court terme, ou maquiller les états financiers, ou même frauder. Même un joueur étoile au hockey ou au baseball ne pourrait pas se permettre de prendre sa retraite après une année de jeu, même si son équipe a gagné le championnat !

Mais il y a plus grave : tout notre système économique repose sur la confiance. C'est la confiance qui vous permet d'accepter la confirmation d'un dépôt électronique. C'est la confiance qui vous permet d'accepter comme véridique le solde de votre compte bancaire, tel que vous le communique votre institution financière.

C'est aussi la confiance dans l'équité de notre société — aussi imparfaite soit-elle — qui nous empêche de revivre la Révolution française. À force de cupidité — et de mépris pour les « imbéciles » exclus des cercles des privilégiés — la communauté des affaires et en particulier ses hauts dirigeants sont en train de perdre le respect qu'ils méritaient et la confiance qu'on leur vouait. Contrairement à ce que nous voudrions croire, il ne s'agit pas de quelques cas isolés, de quelques pommes pourries, de quelques fraudeurs. Nous sommes tous coupables, par notre silence, par notre collusion tacite au sein des conseils d'administration, par notre recours au « prix de marché », alors que nous contrôlons le marché.

Nous nous plaignons volontiers du poids croissant de la réglementation, des coûts et des contraintes qu'elle entraîne. Nous oublions de dire que cette réglementation nous est imposée en remplacement de nos valeurs et de notre sens éthique érodés. Et ce n'est pas fini : il nous reste peu de temps pour convaincre la société que nous sommes responsables, et fiables. Si nous n'y arrivons pas, nous nous attirerons — c'est écrit dans le ciel — une autre bourrasque de réglementation et de contrôles, que nous aurons largement méritée.

If it ain't broke, don't fix it

LE PROVERBE FAVORI de Bert Lance, un familier de l'ancien président américain Jimmy Carter. À première vue, c'est une évidence : si ça fonctionne, ne joue pas avec ! Un PDG a assez de chats à fouetter et de problèmes à régler sans devoir s'attaquer à ce qui fonctionne bien.

Mais, comme dans tout énoncé de sagesse populaire, il y a un mais ! Souvent, si nous attendons que quelque chose ne fonctionne pas avant d'y voir, cela signifie que nous attendons trop longtemps. Notre environnement évolue sur les plans de la démographie, de la technologie, des valeurs dominantes, de la concurrence et j'en passe. Il faut en comprendre la dynamique, en suivre l'évolution. Sol Price, l'inventeur du concept du magasin-club à assortiment limité, voyait venir la fin des magasins à rayons traditionnels. Il n'a pas attendu la mort de son entreprise pour réinventer un segment du commerce de détail. Sans doute aurait-on pu attendre, car cela fonctionnait encore. Il n'a pas voulu le faire et il a pris les devants. Devant l'inertie de nos organisations, c'est notre responsabilité de les réinventer, de remettre en question ce qui va bien, d'imaginer comment cela pourrait aller mieux ou différemment.

Un tel exercice est pénible et inquiétant. Tout système ouvert, nous enseigne la théorie générale des systèmes, a tendance à se refermer. Or, remettre en question des « évidences », c'est ouvrir le système, ébranler les certitudes. Avez-vous déjà participé à une séance de planification stratégique de type remue-méninges, où l'on remet tout en question, même la mission de l'entreprise ? Inévitablement, après une heure d'échanges, des voix s'élèvent : « Bon, ça suffit, on décide. » Ça, ce n'est pas de l'efficacité, c'est de la pression pour refermer le système, pour retrouver ses certitudes.

Votre analyse de l'environnement, ou de « ce qui va bien », vous amènera peut-être à conclure que les forces vives qui sont à l'œuvre dans votre environnement représentent de sérieux dangers pour votre stratégie, pour la survie éventuelle de votre entreprise. Si vous vous y prenez tôt, vous avez le temps d'imaginer d'autres options et de les expérimenter, de les raffiner avant de vous lancer. Si vous attendez à la dernière minute, vous disposerez de moins de ressources pour vous réorienter, et surtout, vous serez en mode réactif, dans un climat de crise. Le redéploiement d'actifs doit être fait de façon ordonnée, dans les meilleures conditions possibles. Si vous attendez trop longtemps pour désinvestir, vous ne trouverez pas preneur à un prix intéressant pour les activités délaissées. Si votre nouveau positionnement suppose l'acquisition ou le développement de nouvelles technologies, vous n'aurez pas le temps de les maîtriser. Si vous devez donner à votre personnel de nouvelles compétences, vous aurez besoin de temps. Et mieux vaut être le maître du temps que d'avoir le temps pour maître !

Une bonne habitude à prendre pour un PDG : une bonne partie des questions qu'il pose devraient débuter par « Pourquoi ? » Vous vous souvenez tous — à titre de parents — d'avoir été la cible d'un enfant qui vous demandait inlassablement « Pourquoi ? » Tout y passait : l'obligation de se coucher à une heure donnée ou de manger des légumes, l'interdiction de se maquiller à l'âge de 10 ans. Nos collaboratrices et collaborateurs sont souvent indisposés de la même manière par nos questions... et les réponses viennent souvent rapidement, et de façon catégorique. Vous êtes en train d'ouvrir le système et un malaise s'installe. Vous remettez en question des décisions qu'ils ont prises, des procédures qu'ils ont implantées. Ces décisions ou procédures étaient probablement tout à fait justifiées au moment de leur adoption... mais il y a des années de cela. N'abandonnez pas vos questionnements après la première réponse, forcez-les à se remettre en question, à questionner les pratiques de l'entreprise. C'est la seule façon de rester en harmonie avec un environnement qui change, des clients qui évoluent, des technologies qui offrent de nouvelles possibilités. Et le jour où vous vous rendez compte que vous ne questionnez plus, passez le bâton à un successeur. Les entreprises — et leurs besoins en matière de leadership — évoluent souvent plus rapidement que les personnes qui les composent et qui les dirigent.

On ne peut pas faire d'omelette sans
casser d'œufs

COMBIEN DE MASSACRES a-t-on justifié par ce petit proverbe culinaire! Combien de gestionnaires malhabiles ont maquillé leur balourdise derrière cette petite phrase?

Que dire du gestionnaire qui, aussitôt arrivé à un nouveau poste, « réorganise » tout? Pour casser des œufs, il casse des œufs... mais fait-il une omelette pour autant?

Et le gestionnaire qui congédie à la petite semaine, deux par-ci, trois par-là, sur une période de six mois, est-il en train de faire une omelette ? À ce que je sache, la recette ne dit pas qu'il faut casser six œufs à raison d'un par semaine, ou d'un par mois !

Est-ce le besoin de s'imposer, de faire voir qui est « le boss », qui amène certains gestionnaires à casser des œufs de façon malhabile ou arbitraire ?

Il existe des situations où l'on n'a pas le choix. L'entreprise coule à pic, vous avez un mandat de redressement, il faut agir, et vite. Le seul outil qui convienne, c'est la tronçonneuse, certainement pas le bistouri. On ne demande pas à un urgentologue de faire de la broderie en matière de sutures... Dans un tel cas, on est presque obligé d'être arbitraire pour détruire rapidement le système, la stratégie, les politiques et les habitudes qui ont amené l'entreprise au bord de la faillite.

Mais quelle fierté y a-t-il, dans une entreprise saine, à créer un climat de terreur, de méfiance, de délation? Est-ce un succès quand, malgré des résultats financiers améliorés, on vide l'entreprise de sa substance, de sa culture?

L'entreprise est comme un corps humain. Quand on veut le renforcer, on lui fait faire de l'exercice, on lui impose un régime sain. Mais on n'améliore pas un corps sain en l'amputant d'un membre ou en le martyrisant.

D'où vient l'incapacité de certains gestionnaires à comprendre des choses aussi élémentaires, aussi vraies et évidentes pour d'autres? J'ignore pour quelles raisons, mais il me semble que la profession attire un nombre disproportionné de narcissiques... et les narcissiques de tout crin ont un trait commun : ils sont incapables de relations personnelles, leurs relations sont des relations d'objet. Les personnes sont pour eux des outils et ils entretiennent avec elles la même relation que vous entretenez avec un outil précieux. Mais si cet outil se brise ou si un nouveau modèle devient disponible, ils changent ! Les narcissiques peuvent être de très habiles séducteurs (d'où l'illusion qu'ils sont de vrais leaders), mais ils sont sans affect et destructeurs pour une organisation.

J'en viens à me demander si, à force d'exiger une performance qui doit s'améliorer à chaque trimestre, coûte que coûte, à force de privilégier le court terme face au long terme, nous ne sommes pas en train de créer les conditions où seuls des missionnaires, des narcissiques ou des psychopathes, sans affect et avec des valeurs très élastiques, se sentiront attirés par le métier de gestionnaires.

Le pouvoir corrompt, le pouvoir absolu corrompt absolument

L'HISTOIRE NOUS A MALHEUREUSEMENT donné une pléthore d'exemples qui illustrent ce proverbe. Que recèle donc le pouvoir pour provoquer chez ceux qui le détiennent de tels excès ? Du conseiller municipal qui accepte des pots-de-vin pour faciliter l'obtention d'un permis ou d'un changement de zonage, au chef d'entreprise qui fraude ses actionnaires, du menu fretin aux grands criminels, il semble que nous nageons dans la corruption.

59

Le juge Gomery, dans l'enquête qui l'a rendu célèbre sur le désormais fameux « scandale des commandites », parlait de « *culture of entitlement* », une culture du « j'ai droit à, je suis en droit de ...» Ce sentiment est souvent assorti d'un sentiment de victime chez le fonctionnaire peu considéré, sans perspective de carrière, chez le politicien mal rémunéré, qui estiment que leur travail ou leurs sacrifices ne trouvent pas leur juste récompense.

Parfois, la culture du « j'ai le droit de, j'ai droit à... » repose au contraire sur un sentiment de toute-puissance, d'invincibilité. « Je suis au-dessus des lois, j'ai fait trop de sacrifices pour arriver là où je suis, pas question de perdre... »

C'est le raisonnement que l'on attribuerait à certains chefs d'État ou de gouvernement, à certains ministres puissants, à certains chefs de grandes entreprises qui, à force de fréquenter les riches et les puissants, s'estiment d'un niveau ou d'une habileté supérieure.

Ces théories sont séduisantes, certes, mais elles n'expliquent pas vraiment la malhonnêteté ou les abus de pouvoir de décideurs, petits ou grands; elles apparaissent plutôt comme une forme de rationalisation après le fait

d'un comportement inacceptable. Il est plus correct de dire « je suis une victime, j'y ai droit, je l'ai fait pour le bien du pays » que de dire « je suis corrompu, et j'en suis fier » !

Puis, le pouvoir ne corrompt pas toujours. Au contraire, dans certains cas, il donne le moyen de faire de grandes choses et l'histoire fourmille d'exemples en ce sens. S'il ne corrompt pas nécessairement, que fait donc le pouvoir ?

Dans une récente entrevue accordée à *Harvard Business Review*, Robert A. Caro, auteur d'une biographie de Lyndon B. Johnson, affirmait : « Le pouvoir ne corrompt pas, il révèle. » Le comportement de tous les cadres et tous les politiciens ambitieux, disait-il, est très semblable durant la phase d'accumulation du pouvoir. Mais quand ils arrivent au sommet, quand ils ont atteint le pinacle, une différence énorme apparaît entre les patrons qui réussissent et ceux qui échouent. Certains échouent parce qu'ils n'ont pu opérer la transition de cadre ambitieux à leader d'entreprise. Ils ne savent que faire avec le pouvoir qu'ils ont acquis avec tant d'expertise. Sans vision qui dépasse leur propre avancement, ils ont été presque paralysés une fois leur but atteint.

Il y a plusieurs leçons à tirer de cette analyse. La première, c'est qu'il y a un gouffre entre un poste de deuxième niveau et celui de chef de la direction, et que le comportement d'un cadre ambitieux (et efficace) ne permet pas de prédire son succès au sommet.

La seconde leçon nous ramène à une vérité de base : un gestionnaire est d'abord une personne, et c'est la vision de cette personne, ses valeurs profondes, ses objectifs que le pouvoir révèle : le pouvoir révèle qui nous sommes vraiment, derrière le masque que nous endossons parfois en nous rendant au bureau ou à l'usine.

C'est en forgeant qu'on devient forgeron

NOUS VIVONS DANS UNE SOCIÉTÉ de professionnels : médecins, avocats, informaticiens, météoro-
logues. Je n'ai jamais fait le calcul, mais j'ai l'impression
qu'il y a 10 fois plus de professions que de métiers. De
plus, tous les jours, des métiers disparaissent. Il est presque impossible de trouver un vrai plâtrier ces jours-ci. Ils
ont été remplacés par des « tireurs de joints », qui jointu-
rent les panneaux de placo-plâtre, mais ils seraient incapables de faire des moulures de plâtre ou du plâtre sculpté
comme le faisaient leurs prédécesseurs. Les métiers de
bottier, de sellier s'éteignent lentement. Et si l'un de nous
trouve un bon cordonnier, il s'empresse de partager sa
trouvaille avec ses meilleurs amis.

La gestion a subi la même influence : du métier de gestionnaire, nous sommes passés à la profession de gestionnaire. Je suis curieux de savoir pourquoi.

Mon *Larousse* de poche définit le mot « métier » comme « toute activité dont on tire ses moyens d'existence » ou, mieux encore, « expérience acquise, grande habileté technique ».

Fait amusant, notre société a beaucoup plus de considération pour les professionnels que pour les gens de métier. Par contre, la définition du mot « profession » n'a rien de très honorable. Toujours selon *Larousse*, une profession, c'est « un état, un métier, un emploi ». Aucune référence à l'expertise, à l'habileté acquise à travers l'expérience.

La transformation d'un métier en profession n'est pas que négative : que l'on songe au temps où les barbiers étaient médecins, appliquant énergiquement la saignée à tous les maux. En professionnalisant le métier de gestionnaire, on l'a assorti de tout un corps de connaissances qu'on a voulu aussi « scientifiques » que possible. Des écoles de gestion se sont créées, des diplômes supérieurs sont apparus. Cependant, avec les écoles, le savoir codifié et les diplômes, nous avons oublié que gérer, c'est un métier soumis

aux règles d'un métier, un savoir à acquérir, bien sûr, mais aussi une dextérité à acquérir, un savoir-faire, à travers le transfert d'une expérience et l'expérience personnelle.

Les métiers ont connu leur heure de gloire au Moyen Âge, au temps des cathédrales. Ce savoir a été jalousement gardé à l'intérieur d'une confrérie, qui consacrait une progression dans la compétence — d'abord apprenti, puis compagnon pendant plusieurs années, et enfin maître, à l'âge de la maturité humaine et professionnelle.

Nous avons perdu ce sens du métier en faisant de la gestion une profession. Personne n'est forgeron en sortant de l'école, loin de là. La portée du métier de gestionnaire est infiniment plus vaste que celle du métier de plombier, de mécanicien ou d'ébéniste : il se caractérise par une infinité de situations différentes, des sujets tous distincts les uns des autres, un contexte social, économique, culturel en perpétuel changement.

Il faut des années à « une personne de métier » pour maîtriser ses outils et ses techniques. Et les meilleures gens de métier sont à la recherche constante d'une plus grande maîtrise, d'une plus grande perfection. Elles prennent un soin jaloux de leurs outils et n'hésitent pas à acquérir un outil plus performant. Leur savoir-faire et leur expérience — et l'expérience que partagent avec elles les « vieux » du métier, dans les ateliers ou sur les chantiers — leur permettent de devenir des as.

Redonnons au « métier de gestionnaire » sa vraie noblesse : non pas celle d'un titre universitaire ou du statut qu'on lui attache, mais celle de l'effort, de la volonté d'amélioration, de la réflexion sur la pratique. Souvenons-nous que c'est en gérant, en réfléchissant sur notre pratique, en recevant les critiques et les conseils des maîtres et des mentors qui nous entourent — ou dont nous nous entourons volontairement — que nous deviendrons des gens de métier, de vrais gestionnaires compétents. Le jour où nous cesserons d'apprendre par fatigue, ennui ou paresse, il nous restera deux choix : changer d'emploi pour retomber en situation d'apprentissage, ou courir à la retraite, par respect pour les personnes que nous gérons.

Never cut what can be untied

Ne tranche jamais ce qui peut être dénoué

(proverbe portugais)

UN VISAGE ME VIENT À L'ESPRIT en lisant ce proverbe, celui d'un des cadres que j'ai congédié. J'ai longtemps hésité avant de le faire, parce que cet homme avait beaucoup contribué à l'entreprise depuis son embauche, quatre ans auparavant. Puis, petit à petit, il s'était mis à détruire ce qu'il avait construit. Ses collaboratrices et collaborateurs étaient épuisés et convaincus de travailler pour rien.

Je suis retourné en arrière, j'ai interrogé quelques collaborateurs sûrs. Pourquoi avait-on engagé ce type, quelle était la situation au moment de son embauche ? On m'a expliqué que ce cadre fonctionnel avait été engagé pour construire une équipe, pour élaborer des politiques , mettre sur pied des programmes et des outils qui faisaient cruellement défaut à l'entreprise. J'ai même retracé le dossier de recrutement et l'annonce qui était parue dans le journal. D'une candeur inhabituelle, elle précisait que l'entreprise cherchait un vice-président capable de faire passer l'entreprise, dans la fonction qu'il dirigerait, des années cinquante aux années quatre-vingt-dix. Et chose rare à un tel niveau, on offrait un contrat de trois ans.

En deux ans, ledit vice-président avait fait des miracles. En fait, il avait si bien réussi qu'on lui a offert un contrat à durée indéterminée... et deux ans plus tard, je me préparais à le congédier.

J'avais cependant compris une chose : je ne le congédierais pas pour les gestes qu'il avait posés, mais parce qu'il n'était plus la personne dont l'entreprise avait besoin. Quatre ans auparavant, l'entreprise avait — avec raison — senti le besoin d'engager un *turnaround man*, un spécialiste du redressement. En quelques années, il avait accompli son mandat. L'erreur de l'entreprise avait été de transformer son contrat à durée déterminée en contrat à long terme.

Si l'entreprise avait pu lui offrir d'autres défis — par exemple, si elle avait connu une forte croissance ou si elle avait dû conquérir de nouveaux marchés —, il aurait pu appliquer son incroyable énergie à ces nouveaux défis. Mais dans une entreprise ultrastable, il ne trouvait pas d'exutoire à son besoin de changer les choses, de créer, et il roulait à vide.

Peut-être s'en serait-il rendu compte lui-même, plus tard, mais il aurait eu le temps de faire beaucoup de tort à l'entreprise, et il aurait quitté dans un contexte d'échec plutôt que de succès. Peut-être lui manquait-il un peu de cette capacité d'introspection, de cette connaissance de soi-même essentielle à tout cadre supérieur.

Je l'ai congédié en cinq minutes, puis l'ai fait accompagner. Mais je lui ai donné rendez-vous pour déjeuner la semaine suivante, en lui disant que je pourrais alors lui expliquer en détail pourquoi je mettais un terme à son emploi. Quand nous nous sommes revus, nous avons passé deux heures à faire le bilan de ses réalisations et l'analyse de ses forces et faiblesses. Je lui ai expliqué que, jusqu'à récemment, il avait joué sur ses forces : son incroyable capacité de travail, sa connaissance profonde de sa discipline, son habileté à s'entourer de gens forts et à les mobiliser, son aptitude à gérer le changement, sa passion pour les défis.

Récemment, il avait commencé à jouer sur ses faiblesses : tout était en place, il fallait consolider, raffiner, développer graduellement. Il n'était pas un gestionnaire de la continuité, mais un agent de changement, et de changement radical. Et s'il jouait longtemps sur ses faiblesses, il connaîtrait inévitablement un échec, lui qui avait connu jusqu'alors un grand succès.

Je l'ai encouragé à utiliser les services de la firme de réaffectation que nous lui offrions, et je lui ai dit exactement le contenu des références que je donnerais à son sujet.

J'ai eu le plaisir, quelques mois plus tard, de donner des références à son sujet. J'ai demandé au recruteur dans quel contexte on considérait sa candidature. Il m'a

répondu que son client était une entreprise en croissance fulgurante, que c'était le désordre total et que tout était à construire. La beauté de la chose, c'est que l'entreprise prévoyait connaître ce rythme d'expansion pendant au moins 10 ans. J'ai déclaré au recruteur d'arrêter de chercher, il avait trouvé son candidat. Il a été embauché et a fait un travail remarquable. À travers l'épreuve que je lui avais imposée, j'espère qu'il a appris qui il était vraiment et quelle pourrait être sa meilleure contribution.

Comme chefs d'entreprise, nous sommes responsables de notre équipe, de nos collaborateurs immédiats. Si leurs compétences ne cadrent plus, nous devons les remplacer. Mais par pitié, faisons-le correctement. Je trouve odieux les patrons qui font limoger leurs collaboratrices et collaborateurs par leur vice-président ressources humaines. D'accord, seuls les psychopathes apprécient congédier des employés, mais c'est notre boulot et nous devons apprendre à le faire correctement.

Paul[1] avait mérité le respect de l'entreprise. Je lui devais respect et considération et, si possible, je devais l'aider à se trouver un poste où il pourrait utiliser ses compétences. J'aurais pu trancher. En acceptant de dénouer cette situation, je pense l'avoir aidé, avoir sauvegardé sa réputation et celle de mon entreprise et, personnellement, avoir appris.

1. Nom fictif

Une mère ne trouve jamais son bébé laid

CE PROVERBE ME RAPPELLE ma première réunion du comité exécutif d'une administration régionale que je venais de joindre à titre de directeur général. Le comité exécutif était composé d'élus des municipalités desservies par l'administration régionale.

Dès le début de la réunion, le vice-président du comité exécutif se tourne vers moi et me demande : « Dis-nous qui

tu es.» Je lui répondis : «Si vous le permettez, je vous répondrai indirectement. Pour moi, les élus sont des gens d'expérience, qui veulent le bien public et qui ont un excellent jugement. Mais ils ne devraient pas avoir d'imagination.»

Cet énoncé a eu l'effet de soulever plus d'un sourcil autour de la table. Je poursuis : «Vous avez déjà observé le comportement de personnes à la fenêtre d'une pouponnière dans un hôpital. Leur nouveau-né est toujours le plus beau. Ils n'ont aucun recul et leur jugement en est affecté. Vous avez à votre disposition une organisation hautement qualifiée, composée de professionnels compétents. Si vous leur indiquez vos attentes, vos objectifs, vos préoccupations, ils seront votre imagination. Vous pourrez appliquer votre jugement à leurs propositions parce que vous aurez du recul. Il ne s'agira pas de votre bébé.»

L'échange qui a suivi lors de cette première rencontre a donné le ton à quatre années de vrai partenariat entre les élus et moi. Tout partenariat est basé sur le respect des compétences, dans les deux sens du terme : compétences dans le sens d'expertise et compétences dans le sens de juridiction. Dans une démocratie, la décision revient aux élus et les fonctionnaires sont là pour proposer. Et l'expertise des fonctionnaires consiste à élaborer des projets, des programmes et des encadrements qui répondent aux orientations et aux priorités des élus.

Il est parfois arrivé qu'un membre ou un comité du conseil propose la mise en place d'un programme ou d'un projet, et que je demande au comité exécutif un délai de deux semaines pour l'améliorer, pour donner à l'organisation une chance d'appliquer son imagination. Et l'exécutif nous a toujours autorisés à le faire. Dans tous les cas, nous avons pu proposer des améliorations significatives.

Plusieurs années plus tard, j'ai réalisé combien j'avais été chanceux d'avoir eu un comité exécutif (correspondant au conseil d'administration d'une entreprise privée) qui avait compris son rôle et l'avait joué admirablement bien. Je l'ai compris parce que j'ai souffert le martyre d'avoir un conseil d'administration géré par un président qui n'avait aucune idée de son rôle et qui dominait un conseil faible. Se mêlant de tout, imbu de la vérité, imperméable aux conseils et à la critique, habile manipulateur, il a réussi à saboter l'organisation qu'il voyait comme « son bébé ».

On attend des chefs de la direction qu'ils soient créatifs, qu'ils identifient la direction à prendre, même dans un contexte d'information incomplète. Comment éviter de « tomber en amour » avec ses idées et ses projets ? Comment conserver du recul ou un esprit critique face à soi-même ?

Premièrement, en s'entourant de cadres qui ont cet esprit critique, la capacité d'aller à l'essentiel, d'identifier les effets pervers d'une décision. Deuxièmement, en les écoutant comme si l'idée ou le projet venait de quelqu'un d'autre. Troisièmement, si vous devez, en toute honnêteté, changer d'idée constamment, vous n'avez vraiment pas ce qu'il faut pour être chef de la direction. Cédez votre place avant d'avoir fait trop de tort !

Quis custodiat
ipsos custodes ?

(Qui surveille les surveillants ?)

TOUS LES TROIS MOIS, je dois signer une «lettre de conformité» qui m'est imposée par les autorités réglementaires, puisque nous gérons les économies de milliers d'actionnaires dans un fonds public.

Dans cette lettre, sommairement, je déclare solennellement que les contrôles mis en place dans mon entreprise sont adéquats et appliqués rigoureusement. La lettre est contresignée par mon chef de la direction financière, ce qui me rassure.

Au début, je signais cette lettre sans hésitation. Après tout, nos états financiers sont vérifiés deux fois par année (oui, deux fois) par des vérificateurs externes. Le service de vérification de mon entreprise effectue au moins trois mandats d'examen par année sur l'un ou l'autre de nos systèmes, programmes ou politiques, son efficacité et son application.

Plusieurs entreprises ont créé une chaîne de signatures, de bas en haut, qui engage tous ceux dont le travail a un impact sur l'intégrité et l'application des contrôles. Lorsque tous ces employés se sont engagés, le chef de la direction s'engage lui-même en signant. Après tout, on ne peut s'attendre à ce que le patron voie tout, sache tout et contrôle tout.

Cependant, si de telles mesures peuvent contribuer à hausser l'attention des employés et les inciter à plus de rigueur, elles ne peuvent garantir qu'il n'y aura pas erreur, inattention, incurie ou fraude. Et d'où vient cette nécessité — relativement récente — d'avoir contrôle sur contrôle?

Les récents scandales financiers récents n'ont certainement pas aidé, et les législateurs, devant la fureur populaire, ont été forcés d'adopter des lois et règlements très sévères. Les vérificateurs externes, échaudés, sont devenus d'une rigueur plus qu'exemplaire.

Mais il y a plus : les risques ont objectivement augmenté. Les systèmes de rémunération des hauts dirigeants sont une incitation directe à la « comptabilité créative ». La complexité des affaires y est aussi pour quelque chose, ainsi que la rapidité avec laquelle s'effectuent les opérations et le nombre astronomique d'opérations. On ne transfère plus de numéraire ou des effets, on transfère de l'information et on peut le faire en laissant peu ou pas de traces.

Sommes-nous donc condamnés à imaginer des systèmes de contrôle et de divulgation toujours plus lourds, à signer des lettres d'engagement qui deviennent insensées à force d'être exigeantes ? Le contrôle est-il le seul levier que nous possédions comme gestionnaires ?

Il existe un levier que nous avons presque oublié et qui occupe fort peu de place dans la formation et dans l'évaluation des gestionnaires : les valeurs. On entend rarement un gestionnaire dire : « J'ai fait cela parce que j'y crois, parce que c'est conforme à mes valeurs. »

Bien sûr, il est de bon ton de parler de valeurs d'entreprise et nous avons tous vu, dans les rapports annuels des entreprises, ou affiché sur le mur de la réception au siège social, un énoncé de ces valeurs. En général, on retrouve intégrité (après les récents scandales, c'est essentiel), passion pour la clientèle (après tout, elle nous fait vivre), respect de l'environnement (c'est à la mode) et quelques autres mots qui sonnent bien.

Mais en pratique, ces « valeurs d'entreprise » changent quoi? On les adopte parce que c'est la mode ou à titre d'outils de motivation des employés, mais en pratique elles ne changement absolument rien aux comportements dans l'entreprise.

L'exemple vient toujours d'en haut – et ces valeurs d'entreprises resteront lettre morte tant qu'elles ne seront pas les valeurs des hauts dirigeants, et qu'elles n'auront pas été intégrées dans l'entreprise par l'ensemble des employés.

Par pitié, cessons de nous affubler de valeurs qui ne veulent rien dire et qui ne serviront pas de critère de décision réel et explicite pour tous les membres de l'entreprise. « Équité » ne veut rien dire, mais « Tous nos clients ont droit à toute notre expertise, toute notre attention, tout notre respect » a un sens et constitue un engagement réel.

Bien sûr, nous ne changerons pas la nature humaine. Mais au lieu de crouler sous les systèmes de contrôle, nous aurons créé des entreprises saines, où les employés peuvent prendre des initiatives, guidés dans leurs choix par des valeurs profondément intégrées dans l'entreprise et incarnées par la haute direction dans ses décisions quotidiennes. L'exemple vient toujours d'en haut et pour répondre à la question posée par notre proverbe : Qui surveille les surveillants ou Qui contrôle les contrôleurs ? Il suffit de dire : nos contrôles, bien sûr, mais surtout nos valeurs.

À cheval donné, on ne regarde pas la bride

UN PROVERBE BIEN CHOISI pour parler d'opportunité, ou, si vous préférez, de synergie. Une opportunité n'existe pas dans l'absolu. Elle existe pour quelqu'un ou pour une entreprise à un moment donné. Et elle peut être une opportunité à un prix donné, et pas à un prix plus élevé.

Un de mes anciens professeurs de stratégie avait l'habitude de dire : quand une acquisition est justifiée, à bon prix, quand elle complète les actifs d'une entreprise et renforce sa position concurrentielle, on parle d'une décision d'affaires. Quand une transaction ou une décision est douteuse, sinon insensée, quand on ne réussit pas à la justifier, on évoque des synergies importantes à venir et on parle d'une décision stratégique. Tout le monde s'incline alors en disant : « Ah bon, s'il s'agit d'une décision stratégique... »

Le concept de synergie est attrayant et souvent évoqué en stratégie d'entreprise. On le définit en disant : « Deux plus deux égale cinq. » Par exemple, l'acquisition à bon prix par une multinationale pharmaceutique d'une gamme de médicaments complémentaire à ses gammes existantes peut amener beaucoup de synergie. Sans accroître sa force de vente, elle peut augmenter significativement ses ventes. De plus, si un de ces produits a un grand potentiel et jouit d'une protection par brevet pour plusieurs années encore, il pourra remplacer un produit qui est sur le point de perdre cette protection et dont les ventes — ou les marges — risquent de péricliter.

Mais souvent, l'analyse à laquelle on soumet une «opportunité» — l'acquisition d'un concurrent, l'achat d'une technologie, la pénétration d'un nouveau marché — se limite à évaluer le prix et à vérifier qu'il n'y a pas de litiges ou poursuites risquées. Chose absolument étonnante, personne ne s'interroge sur l'avantage réel de poursuivre cette opportunité. Pourrons-nous augmenter sa profitabilité? Comment exactement? Nos hypothèses de croissance sont-elles réalistes? La propriété intellectuelle est-elle adéquatement protégée? Si la synergie escomptée repose sur des abolitions de postes, des fermetures d'usines, quelle sera la réaction des syndicats, de la presse, des clients? Le secteur dans lequel œuvre cette entreprise est-il un secteur en croissance, aux marges confortables, ou un secteur mûr pour une consolidation, avec des produits non différenciés et des marges minces?

Il est aberrant qu'une entreprise puisse prendre une décision aussi importante sur la base d'une analyse aussi superficielle sur le plan stratégique. Aberrant, oui, mais pas étonnant. Ne nous a-t-on pas présenté comme modèles ces gestionnaires entreprenants, aux décisions instantanées, ces Lucky Luke qui tirent plus rapidement que leur ombre ? Puis, une opportunité, c'est une proie : on la poursuit, on la traque, on la veut à tout prix ou presque. Si, une fois capturée, elle se révèle un âne plutôt qu'un lion, on dit qu'il s'agissait d'une acquisition stratégique et que les synergies – à venir bien sûr – seront considérables.

Il est amusant de comparer ces comportements avec celui d'Alain Bouchard, le grand patron de Couche-Tard. Sa devise pourrait-être : « *Under-promise, and over-deliver.* » À l'occasion d'une acquisition faite aux États-Unis, il annonçait une croissance des profits intéressante. Un an plus tard, l'entreprise livrait le double. « Je ne promets que ce que je suis absolument sûr de livrer. Par exemple, si mes coûts d'approvisionnement sont 1 % plus bas que ceux de l'entreprise acquise, je suis sûr de réaliser mes promesses. Mais je n'annonce pas les gains que nous escomptons faire à la suite d'une meilleure offre, une meilleure gestion. » Voilà de la vraie synergie !

Pour revenir à notre proverbe, j'estime qu'on ne devrait pas regarder la bride si on nous offre un cheval, mais seulement à certaines conditions :

- Le cheval nous rapportera beaucoup plus que son coût d'entretien.
- On a déjà une bride qui fera l'affaire si la bride d'origine fait défaut.
- On est sûr de pouvoir vendre le cheval rapidement pour un honnête profit.
- On ne sera pas obligé de construire une écurie pour l'abriter.
- On a besoin d'un cheval.
- Le temps qu'on consacrera au cheval ne nous empêchera pas de faire des choses plus utiles ou rentables.
- On n'est pas allergique aux chevaux.

Et cela ne constitue que le début d'une analyse un peu critique d'une opportunité !

Il ne faut pas mettre tous ses œufs dans le même panier

CE PROVERBE POURRAIT BIEN avoir donné naissance aux conglomérats diversifiés. Au fond, il s'agit d'une stratégie financière — diversification du portefeuille pour réduire les risques — appliquée à la stratégie d'entreprise. En investissant dans des entreprises de secteurs différents, dont les facteurs de succès sont différents, on réduit son risque global et on rend les résultats plus prévisibles.

Évidemment, il y a un hic — il y a toujours un hic : en général, un portefeuille est constitué d'investissements liquides. Si un stock déçoit, on vend sur le marché et on achète autre chose. Dans le cas d'un portefeuille d'entreprises, on dispose d'investissements beaucoup moins liquides. Et les moyens d'action sont presque aussi limités : si une acquisition déçoit, on change la direction. Si les rendements ne s'améliorent pas rapidement, on vend l'entreprise, la plupart du temps à perte.

Mais là ne se situe pas la vraie faiblesse : elle consiste à réduire l'analyse stratégique — ou critique — d'un investissement à une seule analyse financière. Une telle simplification — pour ne pas dire « simplisme » — serait possible dans un environnement ultrastable, dans lequel il serait légitime de croire que le passé est garant de l'avenir. Toutefois, dans un environnement où tout change, et rapidement — la technologie, les clients, les concurrents —, une telle simplification est suicidaire. Si elle était légitime, Toyota n'aurait pas dépassé General Motors et Mittal ne serait pas le numéro deux de l'acier dans le monde.

En pratique, très peu de gens ont réussi à ce jeu. Ceux qui l'ont fait ont respecté certains principes de base :

- On n'achète pas des profits courants, on achète la capacité de générer des profits à long terme. Donc on achète :
  - un excellent management ;
  - une position dominante dans l'industrie ;
  - des perspectives à long terme qui sont positives.

C'est la stratégie adoptée par Textron ou par Warren Buffett : une approche de portefeuille, oui, mais une analyse stratégique rigoureuse et critique.

Mais notre proverbe trouve un autre champ d'application tout aussi intéressant, celui de la planification. À ce propos, nous pourrions inventer un proverbe nous aussi : « Méfiez-vous de la personne qui n'a qu'un plan. » La probabilité qu'un plan, même fort bien conçu, puisse être réalisé intégralement, sans amendement, est à peu près nulle. Ou nous ne disposons pas de toute l'information utile, ou une erreur intervient dans l'exécution, ou une réaction imprévue et fort habile d'un concurrent remet tout en jeu.

Il faut constamment revoir, adapter et corriger nos plans. Plus encore, là où le succès est vital, et l'échec non permis, il faut prévoir à l'avance, au moins sommairement, quels moyens seront mis en place pour atteindre quand même ses objectifs : accélération de certains projets, programmes de réduction des coûts.

Bien entendu, il faut se réserver les ressources nécessaires pour pouvoir réaliser ce ou ces scénarios de rechange. Parce que si on a mis tous ses œufs dans le même panier...

Qui veut la fin,
veut les moyens

VOILÀ UN PROVERBE QUI FAIT RÉFLÉCHIR! À première vue, c'est l'évidence même: si on se fixe un objectif, on accepte d'une certaine façon les moyens qui permettent d'atteindre cet objectif. Si ces moyens sont odieux ou illégaux, c'est notre problème, nous les avons acceptés implicitement, et nous en sommes responsables.

Mais il existe une autre version un peu plus problématique du même proverbe: «La fin justifie les moyens.» Là, je décroche. Est-ce à dire qu'une fin noble justifie tous les moyens, que Robin des Bois était justifié de voler les riches pour donner aux pauvres, qu'une PME peut faire de

l'espionnage industriel pour lutter à armes égales contre une multinationale, ou qu'il est légitime pour un nouveau chef de la direction de s'entourer d'amis pour s'assurer de la loyauté de son équipe de direction?

J'ai des doutes et à plusieurs niveaux. D'abord, qu'est-ce qui justifie la fin elle-même? Est-il justifiable de s'emplir les poches quand les actionnaires perdent de l'argent? Quelle que soit la noblesse de la fin (par exemple, sauver des centaines d'emplois au pays), on n'est pas justifié de faire travailler de petits enfants ou de soumettre des travailleurs étrangers à des conditions de travail dangereuses, en employant des technologies qui sont maintenant proscrites chez nous.

Mais, me direz-vous, si nous ne le faisons pas quelqu'un d'autre le fera. Est-ce là notre règle de conduite? Laissons de côté la morale et regardons la stratégie. Êtes-vous sûrs qu'imiter votre concurrent est une bonne idée? Comment vous différencierez-vous? Ne risquez-vous pas de transformer votre industrie en industrie de produits ou services de base, de biens non différenciés, où la concurrence repose sur une quête incessante du plus bas prix?

Au fond, ce proverbe a du sens dans une seule circonstance : alors qu'il n'y a qu'un moyen — ou un ensemble de moyens — à votre disposition. Pour arriver au sommet de l'Everest, je dois absolument m'entraîner. Je n'ai pas le choix : si je veux escalader l'Everest, je veux l'entraînement. Mais le monde de l'entreprise et de la stratégie est fort différent : il est rare que les problèmes soient aussi unidimensionnels, que les informations soient aussi complètes et les résultats aussi prévisibles.

En fait, et c'est là l'extraordinaire richesse de la gestion, chaque situation est différente, et nul n'est condamné à adopter les mêmes moyens. Bien plus, les mêmes moyens ne donneront pas les mêmes résultats, parce qu'ils ne seront pas appliqués par les mêmes joueurs, parce que l'expertise sera différente, et les ressources, et les circonstances.

N'oublions pas une chose : ce n'est pas la fin qui a des effets pervers, ce sont les moyens. La fin peut être tout à fait noble, mais les moyens adoptés peuvent créer des situations plus aberrantes que la situation d'origine. Un exemple illustrera mon propos. Dans une administration municipale, les travailleurs manuels (traditionnellement appelés

« cols bleus ») commencent leur carrière à titre d'employés à temps partiel et ils accumulent de l'ancienneté jusqu'à ce qu'ils puissent accéder à un poste à plein temps qui s'est libéré à la suite d'un départ ou d'une prise de retraite. S'il y a 4000 employés réguliers et 500 employés à temps partiel, et un faible taux de rotation de 3,5 % par année en raison des départs et des prises de retraite, un employé à temps partiel devrait attendre trois ans et demi environ pour avoir accès à un poste à plein temps. Comme ces postes sont très bien rémunérés et comportent une garantie d'emploi permanent, les jeunes sont prêts à attendre pour accéder à un tel poste.

Mais la technologie évolue, la municipalité se dote d'équipements plus performants, et chaque année, grâce aux gains de productivité, 100 postes permanents sont éliminés, et les employés qui quittent ne sont pas remplacés. Il faut maintenant 12,5 ans à un employé à temps partiel pour accéder à un poste à temps plein. Il est évident qu'une telle situation n'a pas de sens.

La solution proposée par le syndicat et retenue par l'administration est une aberration mentale : un plancher d'emploi, un nombre minimum d'employés permanents, advienne que pourra. La conséquence : inutile de chercher des gains de productivité puisqu'on devra garder les employés à ne rien faire. Inutile d'étudier la possibilité de sous-traiter certains travaux, il faudrait conserver les employés quand même.

Une solution plus intelligente aurait été d'accepter que 50 % des employés quittant chaque année soient remplacés et de diminuer le nombre d'employés à temps partiel, quitte à augmenter légèrement le temps supplémentaire. On aurait atteint l'objectif de réduire l'attente des employés à temps partiel, sans tuer toute possibilité de gain de productivité.

D'accord, qui veut la fin veut les moyens, mais il y a des moyens adaptés et des moyens désastreux, et on ne peut se réfugier derrière un proverbe pour masquer son incompétence ou son manque d'imagination.

Connais-toi
toi-même

(Thalès de Milet, temple d'Apollon à Delphes)

PENDANT DE NOMBREUSES ANNÉES, on a tenté d'identifier les qualités ou les traits de personnalité du gestionnaire idéal. Cette approche, pour intéressante qu'elle apparaisse de prime abord, ne donne rien de très utile. D'abord, si on identifiait une vingtaine de gestionnaires reconnus comme excellents, on leur trouverait des personnalités fort différentes : certains sont charismatiques, d'autres, plutôt introvertis, certains, spontanés, d'autres, réfléchis, et ainsi de suite. Bien plus, si dans le cadre d'un sondage, on demandait à 100 personnes d'énumérer les qualités d'un grand gestionnaire, on obtiendrait le portrait d'un surhomme, marchant sur l'eau, par surcroît.

C'est pourquoi j'ai été surpris quand, lors d'un séminaire de doctorat, un de mes professeurs a demandé à la classe quelle était selon nous la qualité la plus importante d'un gestionnaire. Les réponses ont aussitôt fusé : le leadership, la vision, la capacité de mobiliser, de convaincre... À chaque réponse, le professeur hochait la tête. Nous avons fini par donner notre langue au chat. « La capacité d'introspection, a-t-il répondu, la connaissance de soi-même. »

J'avais trouvé la réponse intéressante, sans plus. Trente ans plus tard, je découvre combien il avait raison. Nous devons nous connaître, connaître nos forces et nos faiblesses pour pouvoir nous entourer de gens qui nous complètent, qui apportent à l'équipe des talents qui nous manquent.

Nous connaître, pour prendre conscience que nous fuyons ou que nous gérons mal certaines situations, et

que nous devons absolument apprendre à les gérer correctement. Le président du conseil et chef de la direction d'une grande multinationale dans le domaine des soins du corps me disait un jour : « Quand je me suis joint à l'entreprise, après ma scolarité, j'ai opté pour les ventes. Mais déjà, je me disais que je voulais un jour devenir le président de l'entreprise. Et j'avais un sérieux handicap : j'étais incapable de faire de la peine aux gens et je me disais que je ne pourrais pas gérer une énorme entreprise de cette manière. J'ai donc décidé, sciemment, de devenir le meilleur au monde pour persuader les autres. Et je pense avoir réussi, ou presque. Je n'ai jamais mis qui que soit à la porte, mais à plusieurs reprises, j'ai convaincu un collaborateur qu'il n'était pas à sa place chez nous et je l'ai fait honnêtement, sans manipulation. »

Quelques semaines plus tard, j'ai été témoin d'une leçon de persuasion qu'il a donnée. Il recevait, dans une petite salle de conférence attenante à la suite présidentielle, une quinzaine de gestionnaires de produits de l'entreprise, tous jeunes M.B.A. brillants issus des meilleures écoles. Au mur, un tableau vert. Il prend une craie, et après avoir salué les jeunes, il trace au tableau un petit bonhomme comme au jeu du pendu. Puis, il se tourne vers le groupe et déclare, en pointant vers le dessin : « Mesdames, messieurs, le corps humain. » Pendant deux heures, il les questionne à partir des cheveux jusqu'aux ongles incarnés : « Quels problèmes nos clients ont-ils avec leurs cheveux, avec leur peau, avec leurs mains, leurs aisselles, leurs pieds, leurs ongles », et j'en passe. « Quels sont les produits disponibles sur le marché ? Avons-nous des produits dans cette niche ? Sont-ils les meilleurs ? Pouvons-nous les améliorer ? Sont-ils dominants ? Pourquoi pas ? » Après deux heures, il regarde le groupe d'un air satisfait : tous les jeunes sont perchés sur le bord de leur chaise, fascinés par le grand patron. Il leur déclare : « Mesdames, messieurs, je crois que nous avons beaucoup de travail à faire. » Pas mal pour quelqu'un qui avait peur de faire de la peine aux gens !

Mais il y a plus encore : la majorité des décisions importantes que nous devrons prendre sont inédites, particulières, et nous n'avons pas toutes les informations nécessaires. Nous avons besoin de connaître nos travers, nos angles morts, nous avons besoin de créer autour de nous une équipe et un climat qui permette, voire encourage, la critique ou l'analyse critique des solutions que nous envisageons. Nous avons besoin de l'assurance, de la confiance en soi qui nous amène à changer d'idée quand l'analyse critique nous révèle des failles dans notre décision. Mais cette confiance en nous-mêmes est tout aussi nécessaire pour tenir notre bout, pour ne pas céder, quand nous sommes convaincus d'avoir raison, même si nous sommes seuls à le croire.

C'est en nous connaissant mieux que nous pourrons marcher sans trébucher sur la ligne étroite qui sépare la persévérance et l'entêtement, la ténacité et l'obstination.

Le chemin battu
est le plus sûr

C'EST VRAI, UN CHEMIN BATTU est rassurant, et s'il est battu, c'est que beaucoup de personnes l'empruntent, et si beaucoup de personnes l'empruntent, il doit nécessairement conduire à une destination intéressante, n'est-ce pas ?

Mais si tout le monde l'utilise, c'est que tout le monde le connaît et, en général, les routes piétinées ne conduisent pas à des trésors, pas dans les histoires de pirates, en tout cas.

Et si le truc était de refuser de prendre les chemins battus, de mettre en question les évidences? Ne courrait-on pas la chance d'arriver à une destination plus intéressante, et d'y arriver seul, sans concurrence? Y a-t-il une garantie absolue que les chemins battus sont plus sûrs? Voyons voir...

Empruntons un chemin battu: le meilleur moyen d'améliorer la rentabilité d'une entreprise est de réduire les coûts. Existe-t-il un chemin plus sûr vers la rentabilité? Pas évident! Si vous êtes une entreprise pharmaceutique, avec des marges considérables, mieux vaut augmenter vos ventes et, pour ce faire, améliorer votre gamme de produits: investissez en R&D, achetez des produits qui aborderont bientôt le marché. Le plus sûr chemin n'est pas le plus battu ou le plus évident.

Le monde de la gestion est peuplé d'évidences qui n'en sont pas et seuls les gestionnaires habiles les remettent en question. Les autres s'y plient et obtiennent des résultats médiocres.

Pendant de nombreuses années, le monopole de la vente des alcools au Québec, la SAQ, a refusé de promouvoir ses produits. Après tout, n'était-il pas évident que la promotion augmenterait la consommation per capita, ce qui est mauvais en soi? Pendant 10 ans, les ventes en volume ont baissé, la surface totale des magasins a été réduite, même l'espace d'entreposage a été réduit. Heureusement, il s'agissait d'un monopole, et on a pu augmenter légèrement la profitabilité en haussant la marge de profit. Quand on est un monopole, le chemin est tracé, on n'a pas besoin de promouvoir ses produits, c'est même un peu indécent.

Arrive un gestionnaire qui refuse les chemins battus : il augmente de 40 % les surfaces de vente, rénove les magasins, met en place des promotions à prix réduit, forme les employés, offre de la formation aux clients, crée un marché Internet. Horreur ! Les dépenses augmentent rapidement, la consommation d'alcool per capita connaîtra sans doute une croissance fulgurante... Rien de cela ne se réalise. Les ventes augmentent de plus de 10 % par an pendant 5 ans, les profits qui stagnaient depuis 10 ans recommencent à augmenter significativement, la consommation per capita ne bouge à peu près pas. Que se passe-t-il donc ?

Les clients, mieux informés, consomment de meilleurs produits qui sont plus chers. Les ventes de bière plafonnent et la croissance se déplace vers le vin, qui est vendu par le monopole.

En remettant en question les évidences, les chemins battus, ce gestionnaire inverse 10 ans de performance médiocre, de décroissance objective. S'il n'avait pas remis en question les hypothèses de base des gestionnaires qui l'avaient précédé (la promotion augmente nécessairement la consommation per capita; pour augmenter les profits, il faut réduire les dépenses), le monopole poursuivrait toujours sa lente décroissance masquée par la hausse des prix.

Comment se fait-il qu'on ne souligne pas ces erreurs, qu'on ne relève pas ces faiblesses de gestion? C'est que les critiques eux-mêmes empruntent les chemins les plus sûrs. Oserait-on attaquer quelqu'un qui réduit les dépenses, si les résultats n'apparaissent pas trop mauvais? De plus, les gestionnaires des grandes entreprises — celles dont on parle dans les journaux — jouissent d'un statut enviable: on les voit plus grands que nature. On oublie ce qu'ils font et on regarde ce qu'ils sont : le président d'une grande entreprise doit nécessairement être un grand homme n'est-ce pas ? Après tout, s'il ne l'était pas, il ne serait pas président, non ? À ce propos, voici un proverbe délicieux qui s'applique à plusieurs « grands » de ce monde : « Certains sont jugés grands parce que l'on mesure aussi le piédestal. »

Tous les chemins battus sont pour les gens qui n'ont pas d'esprit critique ou qui manquent d'assurance et d'imagination.

Dans le doute, abstiens-toi

O N NOUS PRÉSENTE SOUVENT les leaders comme des fonceurs, des gens qui prennent des risques. Voici un proverbe qui nous incite à la prudence, voire à l'inaction. Pourtant, mes professeurs m'ont souvent répété : « *In case of doubt, do something !* » L'inaction serait-elle devenue une vertu ? Ou le monde a-t-il tellement changé qu'un proverbe tout à fait adapté à un monde stable devient de mauvais conseil dans notre univers si incertain, changeant et même hostile ?

La forme proverbiale est particulière : lapidaire, en apparence contradictoire, souvent poétique, mais peu nuancée. On ne dit pas : « Dans la plupart des circonstances, un tiens vaut mieux que deux tu l'auras », mais bien « un tiens vaut mieux que deux tu l'auras ». Pas de nuances, pas de circonstances atténuantes ou aggravantes, la forme proverbiale ne s'y prête pas, d'où sa faiblesse.

Ici, en toute humilité, il aurait fallu ajouter un codicille au proverbe original, du genre « quand il n'y a pas de coût d'opportunité relativement important ». Je m'explique : il peut être dangereux, voire très dangereux, de traverser certaines zones urbaines seul la nuit et à pied. Dans de pareilles circonstances, « dans le doute, abstiens-toi ». Mais si ton enfant est moribond et que la seule façon de lui porter secours est de traverser ledit quartier, alors vas-y, une vie est en jeu ; le coût d'opportunité de ne rien faire est trop important.

Quand Lou Gerstner a pris la tête d'IBM il y a plusieurs années, il aurait pu être tenté de continuer, en la raffinant, une stratégie qui avait bien réussi depuis la fondation de l'entreprise et jusqu'à ce moment : fabricant d'ordinateurs. Convaincu que cette stratégie était dépassée et qu'IBM courait à sa perte, en quelques années, il a converti l'entreprise en une entreprise de services, qui offre à ses clients des solutions performantes et fiables.

Son prédécesseur aurait-il pu faire la même chose, des années plus tôt ? J'en doute, parce que la « balance des inconvénients » penchait de l'autre côté. IBM s'était fait dépasser par DELL dans le marché des micro-ordinateurs. La stratégie — ou, si vous préférez, le « modèle d'affaires »

— de DELL était à l'opposé de celle d'IBM : pas d'usines, pas d'inventaire de produits finis, pas de réseau de distribution à strates multiples. Pour IBM, l'incertitude liée à l'adoption d'une stratégie d'imitation de DELL était trop importante, les coûts potentiels trop élevés, pour qu'on abandonne la stratégie alors utilisée.

C'est une des principales raisons pour lesquelles les grandes entreprises sont souvent peu innovantes sur le plan de la stratégie : le coût d'opportunité d'abandonner une vieille stratégie, une technologie déclinante, l'ampleur des investissements encore non amortis qu'il faudrait radier ; l'incertitude liée à cette nouvelle stratégie, cette nouvelle technologie, fait qu'on s'abstient, qu'on ne fait rien... et qu'on finit par mourir !

Pourquoi les trois grands de l'industrie automobile américaine n'ont-ils rien fait quand les Japonais ont commencé à envahir le marché américain avec des petites voitures économiques ? Parce que ces voitures étaient moins rentables pour eux que leurs modèles traditionnels, et qu'ils craignaient de cannibaliser leur propre marché. Pourquoi les grands noms de l'eau de source sont-ils

Nestlé et Danone, au lieu de Coca-Cola et Pepsi-Cola, ou Heineken ou Interbrew? Certains seraient portés à dire qu'il s'agit d'un cas classique de « marketing myopia », selon l'expression de Philip Kotler, dans un célèbre article du *Harvard Business Review*[1.]

Je crois que la vraie explication se situe ailleurs. Tout simplement, le coût d'opportunité, la crainte de déprécier le principal actif de l'entreprise, sa marque de commerce, de cannibaliser son marché, de réduire ses marges, de devoir partager avec un autre produit l'espace de tablettes chèrement acquis dans les supermarchés et les machines distributrices.

La petite entreprise qui démarre a, certes, des handicaps sérieux : ressources financières limitées, difficulté d'accès au marché, management moins expérimenté. Par contre, elle n'a rien à perdre : aucun danger de déprécier

1. Note : Kotler décrit le phénomène qu'il appelle « myopie du marketing » ou « marketing myopia » de la façon suivante : certaines industries se définissent d'une façon tellement étroite (myope), qu'elles ne voient pas l'ensemble du marché, et ne se rendent pas compte de certains phénomènes de substitutions. Par exemple, les clients peuvent passer de la consommation de boissons gazeuses à celle d'eau de source pour des raisons de santé. L'entreprise qui se définit comme partie de l'industrie des boissons gazeuses risque le déclin. Celle qui se définit comme partie de l'industrie des breuvages se retrouve dans un secteur en croissance.

un actif important, on de cannibaliser le marché d'un de ses produits. En cas de doute, elle foncera. Comme cette stratégie est risquée — mais la seule vraiment possible dans un tel cas —, elle échouera souvent. Mais une ou deux fois sur dix, elle réussira, elle innovera, elle bousculera l'ordre des choses – et des entreprises. Quand on n'a rien à perdre, on innove, on ne s'abstient pas.

Pour les grandes entreprises, le dilemme est réel. Certaines d'entre elles ont même renoncé à «innover de l'interne». Elles se définissent non comme expertes en innovation, mais en transformation de l'innovation en produits et services, et en commercialisation de l'innovation. Quant à l'innovation, elles l'achètent à des centres de recherche associés, à de petites entreprises qui, elles, innovent par vocation.

Tout nouveau, tout beau !

TOUS LES TROIS ANS ENVIRON, une nouvelle religion apparaît dans le monde de la gestion. Je l'appelle religion, plutôt que théorie de la gestion, parce qu'elle a toutes les caractéristiques d'une religion : d'abord, elle est exclusive et hors d'elle, point de salut. Ensuite, elle comporte des dogmes, des affirmations souvent non prouvées, qu'on devrait plutôt qualifier d'hypothèses, mais qu'on pose comme vérités absolues. Enfin, elle exige une pratique, des rituels à respecter pour être un excellent gestionnaire.

En dernier lieu, la plupart de ces religions s'accompagnent d'un vocabulaire neuf, qui fait croire qu'enfin, on a découvert quelque chose de nouveau et d'unique. Les livres qui constituent les textes sacrés de la nouvelle religion se vendent par millions, sont traduits en plusieurs langues. Leur auteur est, pendant quelques années, un conférencier recherché, puis il retombe dans l'oubli, et on attend la prochaine religion.

Cela ne signifie pas que tout ce qui se publie en matière de gestion est inutile et que nos connaissances de ce domaine ne s'améliorent pas, loin de là. De nombreux travaux sérieux viennent éclairer, chaque année, un point obscur ou fournir une explication plus satisfaisante d'un phénomène déjà observé. Je suis toujours étonné de rencontrer des gestionnaires qui ont lu leur dernier livre durant leur M.B.A et qui, par la suite, se contentent du *Globe and Mail* et du *Wall Street Journal* comme nourriture intellectuelle en matière de gestion.

Mais pourquoi est-il si difficile, voire impossible, de trouver un bon guide d'emploi pour gestionnaire, alors qu'on peut sans difficulté trouver un bon manuel

technique pour plombier, électricien ou mécanicien? C'est que l'univers de la gestion est fabuleusement complexe et qu'il évolue constamment. Le sujet même de la gestion évolue lui aussi : les attentes des ouvriers d'aujourd'hui face à leur travail et face aux gestionnaires sont très différentes de celles des travailleurs de fonderie, peu instruits pour lesquels Taylor cherchait à concevoir une pelle ergonomique et efficace. Les nouveau moyens de communication sont à la fois des défis et des outils essentiels. La concurrence, qui était nationale il y a 50 ans, puis continentale, est maintenant planétaire.

Bien sûr, certains principes qui tiennent à la nature humaine, au fonctionnement du cerveau humain, ne changeront pas. Mais les outils, les approches, les formes d'organisation et les technologies évolueront, et nous devrons avoir la capacité de les maîtriser, du moins, de comprendre leur utilité et leurs limites, et de nous entourer de collaboratrices et collaborateurs qui les maîtrisent.

Pendant longtemps, on a crié sur tous les toits qu'il suffisait d'enseigner des techniques et la maîtrise des outils pour enseigner la gestion. Ainsi, on a cherché à constituer le coffre d'outils parfait. On a créé une génération de gestionnaires fats, inébranlables dans leur tranquille possession de la vérité, égocentriques, regroupés dans des sociétés d'admiration mutuelle (et, devrais-je dire, de protection mutuelle). Mais tout confiants qu'ils étaient dans leur science, ils sentaient confusément que les outils n'étaient pas tout, et ils cherchaient mieux.

La réponse n'est pas dans une nouvelle religion de la gestion, elle est dans la réflexion : réfléchir sur sa pratique de gestionnaire, développer une réflexion critique sur les nouvelles idées et pratiques qui émergent en gestion. En gestion, on peut, on doit profiter et s'appuyer sur la pensée des autres. Mais on ne peut jamais laisser les autres penser pour soi. Si vous vous laissez aller à cette pratique, avant longtemps, ce seront vos concurrents, ou vos actionnaires, ou votre syndicat qui penseront pour vous. Sont-ils les plus qualifiés pour défendre les intérêts de votre entreprise ?

Au long aller
petit faix pèse

(ou À la longue, un petit fardeau pèse)

CE PROVERBE ME RAPPELLE le temps où je faisais ma recherche pour ma thèse de doctorat. Pendant des mois, je devais observer des gestionnaires à la barre de grandes entreprises publiques qui préparaient leur succession. Je jouais ce qu'on appelait entre étudiants le «jeu de la plante caoutchouc». À force d'être assis dans le bureau du président, souvent sans dire un mot, je finissais par être comme une plante verte, un accessoire du décor, et les autres acteurs revenaient à leur naturel.

À l'occasion, le président et moi avions des discussions. Quand j'observais quelque chose d'inusité, je posais des questions. Parfois, le président entamait l'échange. Un jour, il déclara : « Je suis en train de préparer l'entrée en fonction de mon successeur. » « Comment vous y prenez-vous ? », lui demandai-je ? Il me répondit : « Mon successeur est déjà choisi, tout le monde le connaît. J'ai commencé par le nommer président et chef de l'exploitation. Dans six mois, il deviendra président et chef de la direction et je demeurerai président du conseil. » « Mais tout semble en place, lui dis-je, et vous avez certainement l'accord de votre conseil d'administration pour ce processus ? » « Bien sûr, me répondit-il, mais j'ai d'autres choses à faire pour assurer une transition harmonieuse.

« Je suis à la tête de l'entreprise depuis plusieurs années, de bonnes années. Ce n'est pas évident pour qui que ce soit de prendre ma succession. Alors, je lui facilite la tâche. D'abord, j'ai quelques situations difficiles à régler : je dois changer un cadre que nous avons mis en charge de nos opérations en Amérique du Sud. Ça ne va pas du tout. Je pourrais ne rien faire pour encore six mois et laisser le

problème à mon successeur, mais ce ne serait pas bien. Je suis responsable de cette nomination et il me revient de régler le problème. Par contre, le choix de son successeur sera fait par le mien, même si c'est moi qui l'annonce. Après tout, c'est lui qui devra vivre avec ce choix.

« Mais ça ne suffit pas. Mon successeur doit pouvoir poser, dès son entrée en fonction, des gestes qui établiront sa légitimité. Il y a, dans toute entreprise, des réalités irritantes, pas nécessairement importantes, mais irritantes. Une des raisons pour lesquelles elles ne sont pas corrigées, c'est qu'elles ne sont pas terriblement importantes. Mais à la longue, même une petite irritation peut devenir une inflammation majeure. Quel meilleur moyen d'installer la légitimité du successeur que d'identifier ces irritants avant la succession et de lui laisser le soin — et le mérite — de les faire disparaître dans les semaines qui suivent son arrivée au pouvoir. »

Il y a mieux encore. Dans toute entreprise, dans toute division, il y a quelques individus qui ont toujours performé, sans éclat, mais sans faille. Ils sont respectés et appréciés de tous, mais quand les récompenses étaient distribuées, ils étaient les éternels oubliés. Si dès votre arrivée au pouvoir, vous pouvez reconnaître de façon formelle la contribution de ces personnes, vous aurez considérablement renforcé votre légitimité, même si vous succédez à un gestionnaire exceptionnel et admiré de tous.

Parce que nous sommes au sommet, parce que nous disposons d'un pouvoir considérable, nous pouvons croire que la seule façon de faire sa marque est de poser des actions d'éclat. Mais les petites choses, si elles ont beaucoup de valeur aux yeux de l'organisation, nous donneront la légitimité dont nous avons besoin pour entraîner l'entreprise là où elle doit aller.

Après moi,
le déluge

J'ai terminé ma thèse de doctorat il y a près de 30 ans et je ne l'ai pas relue une seule fois depuis. Je me souviens toutefois fort bien du contenu et des conclusions. Le sujet : la succession au sommet des grandes entreprises. La question : une décision aussi importante pour l'entreprise est-elle gérée de façon rationnelle et optimale ? La réponse : plutôt rarement.

Pour le président et chef de la direction, l'heure de la retraite n'est pas nécessairement la bienvenue. Jusqu'à maintenant, s'il est à la tête d'une grande entreprise, son statut social est fort élevé. On l'invite à se joindre à des conseils d'administration prestigieux, il dirige des campagnes de financement hautement visibles, son carnet social est farci de présidences d'honneur, de divers événements, il est consulté par des politiciens, a accès à tous les clubs, si privés soient-ils.

Mais il sait bien que le jour où il prendra sa retraite, son statut commencera à s'étioler. Il n'aura plus accès à un budget de dons et de commandites important. Il ne pourra rien offrir en retour quand il sollicitera des dons. Les présidences d'honneur, les invitations à prononcer des conférences se feront plus rares. Il sait que, petit à petit, il s'effacera et qu'avant longtemps, on ne l'appellera plus.

Pour certains chefs de la direction, céder sa place est l'équivalent d'un suicide. Aujourd'hui, ils se plaignent de n'avoir pas une minute à eux. Demain, ils auront tout le temps du monde, trop de temps. Dans leur cas, pas de passage graduel d'une vie hyperactive à une vie

désœuvrée. La retraite, c'est presque la mort ou l'annonce de la mort prochaine.

Difficile en pareilles circonstances d'être hautement rationnel. Difficile de préparer sa succession de façon méthodique longtemps à l'avance. La charge émotive est très intense, et il faut être d'une lucidité extraordinaire pour gérer correctement la transition. Tout peut être une occasion de dérapage, même avec les meilleures intentions du monde.

Un des cadres supérieurs dont j'étudiais la façon de gérer sa succession « en temps réel » en était à sa deuxième tentative. Il s'était joint, après la Seconde Guerre mondiale, à une prestigieuse banque d'affaires. Peu après, on lui avait demandé, à l'âge de 32 ans, d'assumer la présidence d'une grande entreprise technologique dans laquelle la banque avait lourdement investi et qui était au bord de la faillite. Il avait accepté à contrecœur et avait réussi à remettre l'entreprise sur pied. Il s'était aussitôt mis à la recherche d'un successeur et l'avait, semble-t-il, identifié et recruté. Deux ans plus tard, au moment où il aurait dû quitter son poste, il congédie son successeur potentiel.

À plusieurs reprises, je lui ai demandé pourquoi il avait congédié son successeur désigné, alors qu'il souhaitait regagner sa banque d'affaires. Chaque fois, il me répondait : « C'était une question de culture. Nous sommes une entreprise d'ingénieurs, lui était un gars de chiffres. Il passait son temps à étudier des rapports de variance, des colonnes de chiffres. Ça ne pouvait marcher. » « Et pourtant, lui rétorquais-je, quand il a quitté votre entreprise, il a pris la direction d'une entreprise technologique qu'il a transformée en un énorme conglomérat, très rentable. »

Sa réponse ne me satisfaisait pas et je revenais régulièrement à la charge, jusqu'à ce qu'un jour il me réponde : « Cet enfant de... voulait mon poste ! » Le successeur avait commis une erreur de jugement. Son patron était prêt à lui céder son poste, mais il n'était pas prêt à ce qu'on le lui arrache. Il voulait rester en contrôle du processus et quand il a senti que le contrôle lui échappait, il y a mis fin, abruptement.

Dans plusieurs cas, le processus est tellement irrationnel que le successeur est perçu comme un ennemi, un assassin. Et le chef de la direction fait tout pour s'assurer d'être remplacé par un successeur faible, ou pour discréditer un successeur qui aurait le calibre pour réussir. «Après moi, le déluge! Après tout, personne ne peut me remplacer, personne ne peut faire un aussi bon travail que moi.». Voulez-vous des exemples récents? Par prudence, choisissons à l'extérieur du monde de l'entreprise: Pierre Elliot Trudeau et, plus récemment, Jean Chrétien.

Comment accroître ses chances de gérer intelligemment un processus aussi crucial? Il y a plusieurs moyens, dont celui de s'appuyer sur son conseil d'administration (dont une des responsabilités principales est la gestion de la succession, mais qui laisse souvent le chef de la direction s'en occuper seul ou la contrôler entièrement) et sur des amis qui ont géré correctement le processus dans leur entreprise.

Mais faisons un pas en arrière. Je disais plus tôt que, pour plusieurs chefs de la direction, laisser leur place à quelqu'un d'autre est comme un suicide. Après la vie de patron, il n'y a rien. Et c'est souvent vrai. Tout tourne autour de leur travail, même leur vie sociale. Un des chefs de la direction que j'observais pendant ma recherche doctorale me confia un jour: «Il y a trois ou quatre ans, un samedi matin, j'étais dans mon bureau à la maison, étudiant des dossiers. Après une heure environ, je me lève pour m'étirer les muscles et je regarde par la fenêtre. Ma femme est dans le jardin en train de soigner ses rosiers. Elle a commencé il y a 10 ans, avec quelques rosiers. Puis elle a pris des cours au jardin botanique, elle s'est perfectionnée, nous avons construit une serre. Maintenant, c'est elle qui donne des cours, elle gagne des concours, et deux roses hybrides portent son nom. Tout d'un coup, ça m'a frappé : ma femme a une passion, mais moi, à part mon travail, je n'en ai aucune. Et quand je prendrai ma retraite, je n'aurai rien. »

À l'âge de 60 ans, ce chef de la direction s'est trouvé une passion. Il voyageait beaucoup, son entreprise ayant des opérations dans plus de 100 pays. Il voyait des choses magnifiques. Il a acheté un appareil photo 35 mm, « tout automatique, disait-il, pour les imbéciles ». Puis il s'est construit un laboratoire pour la photo noir et blanc sous l'escalier. Plus tard, il a acheté un appareil plus perfectionné et a converti son laboratoire à la couleur.

« Aujourd'hui, me disait-il, deux ans avant ma retraite, j'ai une passion. Deux fois par semaine, je me lève à la nuit noire et je vais dans les marais tout près d'ici. À l'aube, je photographie les oiseaux des marais. C'est le meilleur moment de la journée pour le faire.»

Je suis allé à Boston cinq ans plus tard. Mon «sujet de thèse» avait pris sa retraite trois ans auparavant. J'ai arboré un grand sourire quand, ouvrant le *Boston Globe*, j'ai aperçu une publicité d'une des grandes galeries de Boston qui annonçait une exposition de ses photographies d'oiseaux des marais. Notre chef de la direction avait trouvé sa passion.

Tous les champignons
sont comestibles,
certains une seule fois

QUEL PROVERBE POUR INTRODUIRE le thème du droit à l'erreur! Première constatation: il y a erreur et... erreur. Certaines sont mortelles, comme certains champignons. Elles ne pardonnent pas... et nous avons l'impression que le risque d'erreur mortelle s'accroît dans l'entreprise.

C'est tout à fait normal : à la vitesse où vont les choses, avec l'élimination des délais-tampons, il faut décider sur-le-champ... et le risque d'erreur augmente. Plus encore, on a « dégraissé » nos entreprises, on les a « aplaties », le ratio d'encadrement diminue sans cesse : cela enchante nos employés, qui souhaitent plus d'autonomie, plus d'initiative... et plus de possibilités d'erreurs.

Reportez-vous 50 ans en arrière, dans une grande entreprise industrielle, ou une grande entreprise de services financiers. Combien de personnes pouvaient en prenant une décision vraiment nuire à l'entreprise ? Quatre ou cinq, peut-être. L'univers bougeait plus lentement, les communications étaient moins instantanées, les situations plus prévisibles.

Les décisions pouvant avoir un impact majeur sur l'entreprise faisaient leur chemin à travers les strates de l'organisation, jusqu'au sommet. Tout document devait être signé, contresigné, contre-contresigné.

Aujourd'hui, un courtier ou un cambiste peut ruiner une institution financière, comme l'a démontré le cas de la Barings Bank. En d'autres mots, le nombre de personnes qui peuvent commettre une erreur quasi mortelle, qui affecte gravement la réputation, ou la solvabilité ou la capacité concurrentielle d'une entreprise, a explosé.

C'est dans ce contexte nouveau que se pose la question du droit à l'erreur. Première réaction, gérer le risque en réduisant les possibilités d'erreur : révision des processus, qualification des personnes pouvant modifier les intrants, automatisation, titrisation (transfert de risque), etc. Mais le risque d'erreur subsiste : envoi d'information concurrentielle ou confidentielle à des destinataires erronés, protection inappropriée de fichiers-clients, effets secondaires d'un médicament sous-évalués ou non déclarés... Tous ces exemples nous rappellent des exemples concrets et récents, des noms d'entreprises ou de produits.

Premier constat : la bonne gouvernance (et le droit à l'erreur, à l'erreur légitime) suppose la confiance. Confiance du patron envers l'employé à qui il délègue des responsabilités importantes, accompagnées d'une capacité de nuire importante. Confiance de l'entreprise dans ses systèmes de contrôle, mais aussi dans ses employés et dans le fait que ses employés ont vraiment intégré les valeurs de l'entreprise.

Confiance, bien sûr, qui s'appuie sur un système de sélection et d'évaluation rigoureux, sur une formation et un mentorat des personnes, et sur un système de valeurs de l'entreprise où les patrons assument pleinement leurs responsabilités. Il faut du courage managérial pour dire : j'ai fait une erreur de jugement, j'ai confié une responsabilité à quelqu'un qui n'était pas prêt ou qualifié. Combien de fois avez-vous vu des patrons, au contraire, chercher désespérément un bouc émissaire, clamer leur ignorance et leur innocence, se dépêcher de se débarrasser de ce pelé, ce galeux qu'ils ont choisi, mal formé, mal encadré. Ils espèrent ainsi convaincre la galerie de leur rigueur de gestion : ils font preuve, au contraire, de veulerie et d'incompétence.

La confiance n'est pas un phénomène à sens unique, elle doit être réciproque. L'employé doit avoir confiance en son entreprise, en l'équité qu'elle pratique, confiance en son patron, ce qui lui permet de vérifier lorsqu'il a un doute, sans craindre de passer pour incompétent ou indécis. Les échanges, souvent brefs et non programmés, qu'il aura avec son patron, lui permettront de se développer, d'acquérir le sens du doute, la curiosité d'aller au-delà des apparences et des similitudes, que nous sommes souvent portés à prendre pour des évidences et des réalités. Sans confiance, aucune vraie gouvernance… et gare aux champignons!

Le roi se trompe,
le peuple paie

L'IMAGE QUI NOUS VIENT À L'ESPRIT à la lecture de ce proverbe est celle de nos dirigeants politiques. Qu'on pense à ce qui se passe en Iraq, aux politiques économiques désastreuses, aux coupures dans les services essentiels. Le roi ne paie pas, c'est le peuple qui paie.

Nous sommes pourtant en démocratie et la royauté est dépassée ! Oui... et non. L'entreprise est encore un système quasi monarchique, avec le souverain, la grande noblesse, la petite noblesse, le protocole de la cour, le clergé qui bénit le tout (les autorités réglementaires), la bourgeoisie (avocats et vérificateurs), les paysans et les gueux.

Dans une société équitable, ceux qui se trompent paient. Ils ne paient peut-être pas seuls — il y a toujours

des «dommages collatéraux» —, mais au moins, ils paient. Alors, pourquoi les PDG dont les entreprises ont des résultats minables reçoivent-ils des bonis? Pourquoi doit-on payer une rançon à ces incompétents pour qu'ils fassent aux actionnaires — et aux employés — la grâce de s'en aller?

Tiens, j'ai parlé — sans m'en rendre compte — de rançon. Cela nous ramène au Moyen Âge, à la glorieuse époque des croisades où un des loisirs les plus prisés était la capture et le rançonnement des souverains. Richard Cœur de lion, ce bon roi d'Angleterre, est passé par là.

Mais pourquoi payer une rançon pour avoir son roi? Après tout, il doit y avoir une foule de candidats pour prendre sa place... C'est qu'il y a un marché des rois, et ce marché est contrôlé par... les rois!

Les conditions du rançonnement sont fixées dès l'embauche ou, si vous voulez, dès l'intronisation. Le contrat prévoit déjà ce qu'il faudra payer pour se débarrasser du roi. On justifie ces clauses confiscatoires en disant que le talent est rare, les marchés impatients, les conseils d'administration instables et changeants, les actionnaires institutionnels déraisonnables.

Mais justement, qu'arriverait-il si on refusait un boni à un PDG dont les résultats sont minables ? S'empresserait-il de claquer la porte, pour risquer de devoir vendre ses talents douteux à un nouvel acquéreur ?

Qu'arriverait-il si les principaux actionnaires institutionnels, ceux qui donnent le ton, exigeaient de reviser les contrats d'embauche des PDG et s'assuraient de l'élimination de ces clauses déraisonnables ?... Ou si, tout simplement, ils se débarrassaient de leurs actions dans des entreprises aussi mal gérées, où les intérêts de la haute direction passent avant ceux des actionnaires, des employés et des clients. Ils en ont certainement la capacité.

Mais ce n'est pas seulement une question d'équité, c'est aussi une question de bon sens, de capacité des entreprises d'attirer et de retenir des employés, de les mobiliser autour d'un projet commun, autour de valeurs partagées : si les valeurs reflétées par la haute direction sont l'avidité plutôt que l'intégrité, l'égoïsme plutôt que le sens du devoir, ou le désir de se dépasser, quel intérêt y a-t-il pour un employé qualifié à s'y associer ? S'il a le choix, il préférera sans doute s'associer à une entreprise dont il partage les valeurs, une entreprise gagnante qu'on cite en exemple.

La presse écrite ou électronique a jusqu'ici fait preuve d'une admirable retenue dans la critique de ces comportements. Il n'est pas prudent d'attaquer ses annonceurs et les conseillers juridiques recommandent la prudence face à d'éventuelles poursuites.

Mais un phénomène nouveau est apparu : l'Internet et les blogues. Les événements sont revus, commentés, disséqués, et hachés menu. De plus en plus, ce sont ces outils démocratiques, non censurés et non contrôlés qui formeront les opinions des clients et façonneront la réputation des entreprises.

L'Internet n'oublie pas, les journaux, oui. On peut se consoler en se disant qu'une mauvaise publicité sera oubliée rapidement, qu'un titre meurtrier sera remplacé par un autre, que la durée de vie d'une nouvelle est très courte. Mais l'Internet n'oublie pas, Google se souvient, et ramène — ou permet de ramener – à la surface des chapitres de performance qu'on croyait enterrés.

Mon espoir repose dans la société civile qui n'accepte plus de se faire aveuglément gouverner par le pouvoir politique ou économique et dans les outils de communication et de recherche électroniques qui lui permettent d'éliminer ou de restreindre des comportements que le sens éthique émoussé des élites tolère, sinon encourage.

Mon espoir repose aussi dans le mutualisme, les coopératives, les OBNL[1], l'économie sociale, cette économie qui a découvert qu'elle existe pour servir ses membres, ses bénéficiaires, ses clients, plutôt que ses dirigeants.

Mon espoir repose dans la génération qui nous suit, génération qu'on se plaît à caractériser d'individualiste. Rien n'est plus faux : c'est une génération qui se crée ses propres communautés d'affinité et de valeurs, souvent autour des outils de communication et d'échange, une génération beaucoup plus sensible que nous à l'équité et à la perennité de notre planète.

3. Organisme à but non lucratif.

Il va chercher le bâton
pour se faire battre

CE PROVERBE ÉVOQUE dans mon esprit plusieurs comportements pour le moins déconcertants qui ont une conséquence en commun : certains entrepreneurs réussissent à créer leur propre concurrence.

Entendons-nous : tout innovateur crée un marché et l'existence d'un nouveau marché attrayant, le mot le dit, attire des imitateurs, des concurrents. Un innovateur sage prend les moyens pour rendre plus difficile l'accès de ces concurrents à son marché.

Le premier de ces moyens est le brevet qui protège la propriété intellectuelle et rend la copie plus difficile. Mais toute propriété intellectuelle ne peut être protégée par des brevets. Il faut alors recourir à d'autres moyens. J'ai souvenir d'une visite d'usine d'abrasifs, un samedi matin, avec le fabricant d'équipement qui l'avait outillée. Surprise! une des machines était entièrement couverte d'une bâche. Curieux, le manufacturier d'équipement demanda pourquoi il en était ainsi. Et le surintendant de l'usine de répondre : « Nous avons fait de petites modifications à vos équipements et nous ne voudrions pas que ces améliorations se retrouvent chez nos concurrents. »

Parfois, la propriété intellectuelle réside dans un processus, un procédé unique. L'obtention d'un brevet obligerait à révéler ce procédé et le brevet lui-même pourrait facilement être contourné. Dans de pareils cas, les entreprises se protègent en morcelant la connaissance entre plusieurs personnes clés, de sorte qu'aucun individu ne maîtrise l'ensemble du processus ou de la recette. Mais cela n'est pas toujours possible non plus : combien de sociétés, dans le domaine des services professionnels par exemple, qui avaient élaboré des stratégies ou des approches originales, ont-elles encouragé leur propre concurrence en refusant de faire accéder leurs employés clés à la propriété de l'entreprise ? C'est ce qu'on appelle créer sa concurrence par essaimage, ou par *spin-off*.

Mais on peut aussi créer sa concurrence par transfert, par impartition. Plusieurs entreprises québécoises en ont fait l'expérience en transférant l'ensemble de leur production en Chine ou dans un autre pays émergent. Dans certains cas, le produit concurrent — fabriqué par l'entreprise même à laquelle elles avaient imparti leur production — est apparu sur le marché avant leur propre article ! De nombreux pays émergents n'ont pas le même respect que nous pour les brevets et la propriété intellectuelle.

Passe encore, quand c'est l'entrepreneur qui, faute de prévoyance, outille son fournisseur, au risque qu'il devienne son concurrent. Mais c'est souvent le client du manufacturier, son distributeur, qui demande à un fabricant d'un pays émergent de lui fournir une copie — moins chère — d'un produit local. C'est ce qu'on appelle ajouter l'insulte à l'injure.

Comment se protéger, comment éviter de créer sa propre concurrence, surtout dans le secteur manufacturier ?

Regardons-y d'un peu plus près. Depuis quelque temps, on ne parle que de mondialisation. Nous sommes tous familiers — plus ou moins — avec ce phénomène qui a permis l'émergence d'un marché unique, mondial, où les biens, les services, les capitaux et les personnes circulent de plus en plus librement.

Ce phénomène a pu apparaître et s'intensifier grâce à la réduction des barrières tarifaires et de la réglementation, ainsi qu'à la baisse appréciable des coûts de transport. Mais la vraie révolution n'est pas là : elle se trouve dans les technologies de l'information, qui ont permis de morceler les processus de production des biens et services. Autrefois, les différentes étapes du processus de création d'un bien ou d'un service — développement de prototypes et production — devaient se réaliser à proximité l'une de l'autre. Maintenant, les technologies permettent de concevoir un produit au Québec, par exemple, d'en faire fabriquer les composantes dans plusieurs pays, de faire l'assemblage dans un autre pays encore, puis d'impartir la logistique et le service après vente. C'est cette révolution qui a donné aux pays émergents, avec leur faible coût de la main-d'œuvre, un avantage considérable.

Mais cela ne signifie pas que la solution soit de transférer l'ensemble de la production dans un pays émergent. Au fond, dans un contexte de mondialisation, chaque entreprise doit s'assurer que chaque étape de son processus de production rencontre des standards mondiaux de qualité et d'efficience. Dans plusieurs cas, l'entreprise peut améliorer la productivité d'une étape en revoyant ses processus ou en investissant. Dans d'autres cas, certaines opérations peuvent être imparties à un sous-traitant local. Enfin, les activités à forte demande de main-d'œuvre peuvent être transférées vers un ou des pays émergents, tout en conservant les activités à forte valeur ajoutée dans l'entreprise elle-même. Et s'il y a risque de copie, la production impartie peut être partagée entre plusieurs fournisseurs, sauvegardant ainsi la propriété intellectuelle.

En bref, l'avantage concurrentiel d'une entreprise repose souvent dans sa capacité d'innovation, sa propriété intellectuelle et son expertise accumulée. La tentation peut être forte, face à une concurrence exacerbée, de transférer sa production en bloc vers des pays émergents, mais il ne faut quand même pas fournir à des concurrents qui bénéficient d'un avantage en matière de coûts le bâton avec lequel on se fera battre !

Il faut battre le fer
quand il est chaud

IL S'AGIT SANS DOUTE d'un des proverbes les plus éculés de la langue française. On l'emploie pour encourager les gens à profiter d'une ouverture, d'une occasion, d'un élan donné, d'une vague... Bon nombre de succès, en affaires, sont dus au flair d'un entrepreneur qui a senti le vent tourner, qui a vu le potentiel d'une innovation et qui a su l'exploiter à point. Qu'on pense à des succès récents qui profitent de la technologie Internet et du besoin de socialisation et d'appartenance des gens tels que Myface, Youtube et les autres.

J'aimerais plutôt examiner l'envers de ce proverbe : mieux vaut une décision sous-optimale au bon moment qu'une décision optimale au mauvais moment. C'est ce qu'on appelle le sens de l'à-propos ou, en anglais, du *timing*. Malheureusement, il n'y a pas de cours d'à-propos offerts à l'université.

L'histoire des affaires — et des entreprises — est pleine d'exemples de technologies mises au point bien avant l'arrivée du nouveau produit sur le marché : les innovateurs, les véritables pionniers, n'ont pas pu profiter de leur propre génie. Ce sont ceux qui ont suivi, après quelques années, qui en ont réellement profité.

D'ailleurs, les futurologues se trompent régulièrement sur les technologies qui émergeront. En effet, selon leurs prédictions des années 1950, la lune serait aujourd'hui colonisée, la propulsion nucléaire, maîtrisée, la fusion nucléaire serait la principale source d'énergie, et le moteur à essence aurait été relégué aux oubliettes.

Nous avons les mêmes difficultés à prédire les réactions de la concurrence. Quand on la connaît ! Elle peut venir de partout, et la plus dangereuse est celle qu'on ne voit pas arriver : elle vient d'un pays émergent ou d'un secteur connexe, ou alors une nouvelle technologie annule presque instantanément des milliards de dollars d'investissement, des années de recherche et de développement. Un bon exemple encore récent : l'industrie de la photographie, où la technologie numérique a largement remplacé la pellicule et a éliminé presque complètement l'avantage de la technologie de Polaroid.

Mais s'il est difficile, pour un chef d'entreprise, d'anticiper l'ouverture d'un nouveau marché, la vitesse d'implantation d'une nouvelle technologie ou encore la riposte d'un concurrent, il peut — et doit —pouvoir anticiper avec précision la réaction de sa propre entreprise.

Le dirigeant subit constamment la pression de l'environnement sous diverses formes : pression du marché, des investisseurs et de la concurrence, attentes croissantes des consommateurs, cycles économiques, en plus des exigences de son conseil d'administration et des commentaires de la presse. Certains chefs d'entreprise sont de purs conduits : ils gèrent la pression en la transmettant intégralement à leur organisation. D'autres sont des

amplificateurs : ils réussissent à tout transformer en pression intolérable sur leurs collaborateurs, convaincus d'obtenir ainsi une meilleure performance.

Ils devraient plutôt être des interprètes, dans tous les sens du terme : d'abord traducteurs, connaissant les mots et les images qui traduisent le plus fidèlement la réalité à faire comprendre. Interprètes aussi, sachant choisir le ton, l'intensité, le moment et le rythme comme un virtuose d'un instrument de musique. Parfois, le dirigeant absorbe toute la pression et se montre confiant et serein parce qu'il juge inutile, ou dérangeant, ou contre-productif de la transmettre à ses collaborateurs. Parfois, il l'amplifie pour rendre discernable un signal faible mais crucial de l'environnement. En bref, il sait quand le fer est froid et quand il est chaud, mais il sait surtout quand il ne sert à rien de le battre.

Table

CE LIVRE A ÉTÉ IMPRIMÉ AU QUÉBEC EN MARS 2008

SUR DU PAPIER ENTIÈREMENT RECYCLÉ

SUR LES PRESSES DE L'IMPRIMERIE GAUVIN.

Recyclé
Contribue à l'utilisation responsable
des ressources forestières
www.fsc.org   Cert no. SGS-COC-2624
© 1996 Forest Stewardship Council

FSC

100%